穿越千年去过节

中国传统节日

卢普 著

山东美术出版社
济南

目录

002 | 开锅便喜百蔬香
腊八节

010 | 爆竹声中一岁除
春节

042 | 东风夜放花千树
元宵节

054 | 二月二日新雨晴
龙头节

058 | 清明时节雨纷纷
清明节

066 | 春雨惊春清谷天
二十四节气

086 | 修禊仍逢三月三
上巳节

096 | 浴兰包粽念忠臣
端午节

106 | 七夕今宵看碧霄
七夕节

114 | 满地纸钱香篆冷
中元节 寒衣节

120 | 今夜月明人尽望
中秋节

134 | 菊花须插满头归
重阳节

开锅便喜百蔬香
腊八节

腊月有一个重要的节日，腊月初八，也就是我们熟悉的"腊八节"。

民谚说："小孩小孩你别馋，过了腊八就是年。"腊八节到了，距离年就不远了。

腊八节的习俗，我们最熟悉的莫过于喝腊八粥了。腊月天寒地冻，一碗腊八粥，热气腾腾，香甜软糯，暖胃暖心。腊八粥的材料没有统一的规定，每家每户都不一样。大米、红豆、薏米、红枣、黑豆、栗子、花生、核桃、葡萄干、桂圆……正是：

> 开锅便喜百蔬香，差糁清盐不费糖。
> 团坐朝阳同一啜，大家存有热心肠。

关于腊八粥的由来，民间流传着许多故事。这些故事都围绕着一个核心问题展开：

为什么要把这么多材料煮成一碗粥?

答案一和大名鼎鼎的岳飞有关。

岳飞是家喻户晓的抗金名将,我们就不多介绍了。

传说有一次,岳家军出征,正值天寒地冻。"撼山易,撼岳家军难",能让敌人发出如此感叹的军队,父老乡亲自然极为拥戴,纷纷送来热气腾腾的粥劳军。

岳家军将士饱餐一顿,上阵杀敌,得胜归来。这一天正好是腊月初八。

后来,岳飞被冤杀,百姓为了纪念他,每到腊月初八就煮粥,就是腊八粥。

答案二的主角也来头不小。

众所周知,明太祖朱元璋出身贫寒,早年做过和尚,"开局一个碗",是货真价实的白手起家。

据说他落魄时,饥寒交迫,万般无奈,只得去掏田鼠洞,用田鼠囤积的红枣、大豆等熬粥续命。不知道田

鼠回到家，看见辛辛苦苦偷来的粮食又被偷了，会作何感想。真是螳螂捕蝉黄雀在后，田鼠囤粮小朱在后……

等到当年的小朱做了天子，每天锦衣玉食，山珍海味，吃得腻了，不免忆苦思甜，怀念起当年那一碗香喷喷、热腾腾的救命粥。于是，他命人把红枣、大豆等——材料自然比田鼠辛辛苦苦积攒的强太多——熬成粥，依旧吃下。因为这一天是腊八，所以他给这种粥赐名为"腊八粥"。

答案三的主角终于不再是帝王将相，而是平民百姓，只是多少有点不够光彩。

话说很久很久以前，有一对勤劳的老夫妇，偏偏有一个好吃懒做的儿子。父母劝他好歹干点活，他只当耳旁风。看来啃老这种现象也不是今天才有的。

后来老两口先后去世，留下不少粮食衣物，懒儿子仍然可以继续啃。

——那就继续啃吧！

时光荏苒，懒儿子每日只顾坐吃山空，家里的东西越来越少。到了这年腊月初八，天寒地冻，懒儿子终于啃无可啃，裹着破被子缩在床上抖得像筛糠——虽然家里已经没糠了。他突然发现炕缝、地缝里还有米、豆子，忙忽着饥寒捡了半天——这可能是他这辈子最勤快最主动的一次劳动，虽然这点儿劳动量都称不上"劳动"——终于凑起了一把粮食：小米、大米、黄豆、红豆、高粱……简直有点感谢往日把它们丢弃的自己！

他把这些宝贵的粮食放进锅里，熬了一锅粥。粥熟之后，饥肠辘辘的懒儿子端起碗就吃。热粥下肚，好熨帖呀！他忽然想起了父母当年的教诲，但是如果时光倒流，只怕他依旧勤快不了。眼前无路才想回头，总归是有点太晚了。

这时，忽然刮来一阵大风，房子年久失修，轰然倒塌，把这懒儿子埋在了瓦砾堆里。

等到邻居们赶来，扒开瓦砾，人已经没救了。邻居们对老夫妻这个懒得出奇的好大儿早有耳闻，见他断炊又遭此劫，也不免感慨。

从此以后，每到腊月初八，乡亲们都要熬一锅杂米粥给孩子们吃，还给他们讲这个懒儿子的教训，告诫他们要勤俭持家，也不怕影响他们的食欲。据说，腊月初八吃杂米粥的习俗就是这么来的。

有的版本里，这个懒儿子还有一个老婆，啃老和被压在瓦砾堆里的就变成了夫妻二人。

《红楼梦》里,贾宝玉诌了一个关于腊八粥的故事,饶有趣味。我们就用这个故事结束这一章吧!

> 扬州有一座黛山,山上有个林子洞。林子洞里原来有群耗子精。
>
> 那一年腊月初七日,老耗子升座议事,因说:"明日乃是腊八,世上人都熬腊八粥,如今我们洞中果品短少,须得趁此打劫些来方妙。"乃拔令箭一枝,遣一能干的小耗前去打听。
>
> 一时小耗回报:"各处察访打听已毕,惟有山下庙里果米最多。"老耗问:"米有几样?果有几品?"
>
> 小耗道:"米豆成仓,不可胜记。果品有五种:一红枣,二栗子,三落花生,四菱角,五香芋。"
>
> 老耗听了大喜,即时点耗前去。乃拔令箭问:"谁去偷米?"一耗便接令去偷米。又拔令箭问:"谁去偷豆?"又一耗接令去偷豆。然后一一的都各领令去了。只剩了香芋一种,因又拔令箭问:"谁去偷香芋?"
>
> 只见一个极小极弱的小耗应道:"我愿去偷香芋。"老耗并众耗见它这样,恐不谙练,且怯懦无力,都不准它去。

小耗道:"我虽年小身弱,却是法术无边,口齿伶俐,机谋深远。此去管比它们偷得还巧呢。"

众耗忙问:"如何比它们巧呢?"

小耗道:"我不学他们直偷。我只摇身一变,也变成个香芋,滚在香芋堆里,使人看不出,听不见,却暗暗的用分身法搬运,渐渐的就搬运尽了。岂不比直偷硬取的巧些?"

众耗听了,都道:"妙却妙,只是不知怎么个变法,你先变个我们瞧瞧。"

小耗听了,笑道:"这个不难,等我变来。"说毕,摇身就变,竟变了一个最标致美貌的小姐。

众耗忙笑道:"变错了,变错了!原说变果子的,如何变出小姐来?"

小耗现形笑道:"我说你们没见世面,只认得这果子是香芋,却不知盐课林老爷的小姐才是真正的'香玉'呢!"

好一个诌断了肠子的故事,也难为我们宝二爷编得出来。暗暗用分身法搬运,渐渐把东西搬空,也算是偷儿里的高手了。——总感觉这话有点儿弦外之音。

小板报

除了吃腊八粥，腊八节还有各种有趣的饮食习俗，比如人们会在这天腌制腊八蒜。腊八蒜翠绿如玉，酸辣爽口，深受食客喜爱。

◆ 扩展阅读 ◆

腊祭

东汉应劭的《风俗通义·祀典》说："腊者，猎也，言田猎取兽以祭祀其先祖也。或曰：腊者，接也，新故交接，故大祭以报功也。"意思是说，人们在打猎获取禽兽之后，用来祭祖祭神。"腊"还有新旧交替之意，新旧交接的时候，要祭祀，向神灵和祖先报功。

春秋时期，晋献公向虞国借道攻打虢国，虞国大夫宫之奇极力反对，还是拦不住贪利的虞公作大死，只得举家逃离，还放下一句狠话："虞不腊矣。"——虞国撑不到腊祭的时候了。果然，晋军灭虢之后，顺道俘虏了虞公，虞国就此灭亡。

"虞不腊矣"中的"腊"就是腊祭。"国之大事，在祀与戎。"祭祀的重要性甚至排在战争之前。什么情况下一个国家会不能举行腊祭了？当然是这个国家亡国了。

春秋时期，秦国地处西部，风俗与中原各国不同。一直到战国时期，秦国才第一次举行腊祭。《史记》记载，秦惠文王"十二年，初腊"。这一年是公元前326年。祭祀是"国之大事"，所以太史公司马迁特意记录了秦国的头一次腊祭。

爆竹声中一岁除

春节 #

"百节年为首。"如果评选一个对中国人最重要的传统节日,毫无悬念,高票当选的一定是春节。

年的形成,来源于古人对季节、收成、天象、历法的认识,这是农耕文明的文化果实。我国古代的年首先与农作物一年一度的收获相关。《尔雅·释天》说:夏曰岁(以"岁"也就是木星纪年),商曰祀(以年度祭祀为年,一年一大祭),周曰年(以收获纪年)。夏历以一月为岁首,商历以十二月为岁首,周历以十一月为岁首。《诗经·豳风·七月》中说:

> 九月肃霜,十月涤场。
> 朋酒斯飨,曰杀羔羊。
> 跻彼公堂,称彼兕觥,万寿无疆。

十一月为岁首,所以十月底庆祝改岁。"跻彼公堂,

称彼兕觥，万寿无疆。"看上去很美，其实是奴隶在祝奴隶主万寿无疆。

秦朝以十月为岁首。汉武帝时颁布太初历，以正月为岁首。从此，中国人的年节延续了两千余年。

每年的农历腊月，中国都会出现举世瞩目、声势浩大的人口迁徙，参与者数以亿计。

轰鸣的飞机、呼啸的高铁、拥挤的绿皮车、舒适的私家车、寒风中的摩托、山路上的三蹦子……人们或孑然一身，或拖家带口，无不大包小包，肩背手提，匆匆的脚步，向着不同的方向，又是相同的终点：

回家！

每年农历腊月十五到次年正月二十五，会出现全国性交通运输高峰——春运，这是中国独有的奇迹。对于很多异地打拼的游子来说，工作忙碌了一年，与亲人分别了一年，相聚只有这短暂的几天，怎让人不归心似箭？

这个最隆重的节日是怎样过的？民谚安排得明明白白：

> 二十三，糖瓜粘；二十四，写大字；
> 二十五，扫尘土；二十六，砍年肉；
> 二十七，杀小鸡；二十八，白面发；
> 二十九，供香斗；三十晚上熬一宿，
> 大年初一扭一扭。

这些民谚版本很多，内容大同小异，时间也稍有不同。我们择要看看：

糖瓜粘

腊月二十三这天被称为"小年"。为什么要"糖瓜粘"？糖瓜是什么？

糖瓜的原料是麦芽糖。把麦芽糖熬成糖浆，旺火烧开，边烧边搅拌，水分完全蒸发后即可拔糖。糖越拔越白，越拔越长。将拔好的糖再来回拉几次，形成糖片，拼在一起，就形成了糖管。取细绳把糖管均匀地截开，再粘满熟芝麻，就大功告成。

把糖瓜击碎，分而食之，又酥又脆，甜香满口，回味无穷。

在物质贫乏的年代，小孩子盼这年底的一口糖，真是望眼欲穿，盼得脖子都长了。

时至今日，温饱已经不是问题，健康养生的观念逐渐深入人心，人人都知道摄入过多的糖分对身体有害，引发龋齿、导致肥胖已经是轻的了。糖已经变成了甜蜜的负担，很多食品主打的就是一个"无糖"，十分贴心，也可见糖已经过剩到了什么地步。

时过境迁，当年的"小甜甜"变成了"牛夫人"，但这也不能完全说是一件坏事。过剩当然不好，匮乏却也不行，中国人讲究的还是一个"恰到好处"，这也考验着人们自律的定力和饮食的智慧。

供灶君

"二十三，糖瓜粘，灶君老爷要上天。"

一直到现在，依然有很多家庭在锅灶所倚的东墙墙面上贴着灶王爷的画像，画像上写着"一家之主"之类的文字，两边还贴着"上天言好事，回宫降吉祥"或"上天言好事，下界保平安"的对联。灶王爷身穿官服，有时候身边还有一个灶王奶奶。

传说中，灶王爷管理住宅，记录人们做的好事与坏事，再汇报给玉帝。每年腊月二十三这天，灶王爷就要上天"述职"了。人们给灶王爷供奉灶糖，希望甜甜黏黏的糖能粘住他的嘴，让他回天庭作述职报告的时候多说好话，不说坏话——也可以干脆不说话，当然。

灶王爷怎样上天述职？是不是用2路公共汽车——走的？

当然不行，那也太寒碜了，最起码也要给他老人家扎一匹马。

小时候曾见大娘婶子们用高粱秸秆扎马，用秸秆做头和躯干，秸秆外面的硬皮做四肢和耳朵，巧妙地把秸秆的节疤处当马嘴，秸秆须须做尾巴，甚至贴心地给灶王爷做了马鞍和马蹬，鞍辔鲜明。这是最低配置，讲究的人家还要再给他配一顶纸糊的轿子，给秸秆马备些草料。考虑得这样无微不至，灶王爷述职的时候怎么也得

给点面子了。

把灶糖涂在灶王爷嘴上,把画像揭下来,画像、秸秆马、纸轿、草料,一把火,灶王爷就上天庭去述职啦!

写大字

过完了小年,下一个环节是"二十四,写大字",也就是写春联、福字。

在过去,人们要买红纸,请人代写春联,或者自力更生。不过,现在的书写工具已经从毛笔变成了圆珠笔、签字笔,连钢笔都备受冷落,能自己用毛笔书写春联的人着实已经不多了。幸而有很多印刷品春联可供顾客选择,虽然缺了点味道,总归是方便快捷,品种多样,聊胜于无。

春联是怎么来的?桃符可以说是它的雏形。

《山海经》说,上古的时候,有神荼、郁垒两个神仙兄弟，居住在度朔山大桃树下。他们守在万鬼出没的地方，一旦有恶鬼出现，就将其捉住，用苇索捆起来喂老虎。后人就把捉鬼的神荼、郁垒画在桃木板上，用以辟邪，还在桃木板上写几句祈祷的话，这就是"桃符"。

北宋王安石有一首《元日》诗，大家都耳熟能详：

> 爆竹声中一岁除，春风送暖入屠苏。
> 千门万户曈曈日，总把新桃换旧符。

"总把新桃换旧符"——桃符要年年换新哦！不换就重新刷一遍漆，总之年年看上去都是新的。

最早的春联是什么时候出现的？

五代十国时期，有一个小国叫后蜀。964年除夕，后蜀主孟昶让翰林学士辛寅逊写几句吉祥话。辛寅逊写则写尔，孟昶并不满意。既然如此，"你行你上"。孟昶在桃木板上写了两句话，挂在居室的门框上：

> 新年纳余庆，嘉节号长春。

这就是我国历史上有记载的最早的一副春联。虽然孟昶后来不幸成为后蜀的亡国之君，但是亡国之君在未亡国前也有过美好的愿望。

后来，人们用红纸来代替桃木，书写吉祥话，就是我们熟悉的春联了。

扫尘土

有的地方在腊月二十四"扫尘土"，有的地方则在腊月二十五。

不管是二十四还是二十五，在过年之前，每家每户都会进行一次彻底的大扫除。

窗台、灶台、玻璃、桌椅、地面……全都擦得干干净净；窗帘、被罩、沙发罩……全都拆下来丢进洗衣机洗一次，窗明几净地迎接新的一年。

居室干干净净，人也要搞一下个人卫生。需要理发的要赶紧去理发店了，毕竟正月里不能剃头。

砍年肉、杀小鸡

"二十六,砍年肉;二十七,杀小鸡。"在物质匮乏的年代,肉是餐桌上的奢侈品。即便如此,为了迎接新年,再穷的人家也要尽量让肉出现在年夜饭的餐桌上。毕竟,一年可能也就过年的这几天能见到荤腥。除了肉,其他年货如爆竹、香烛之属也需要采买。

时移世易,对很多家庭来说,顿顿吃肉也稀松平常,很多人已经是无肉不欢。像对待糖一样,人们不再对肉极尽渴望,而是要研究如何吃得健康。高蛋白、低脂肪的肉类因此大受欢迎,而亮汪汪、高油高脂的肥肉虽然依旧美味,仍然让不少人敬谢不敏。还有人青睐鸡胸肉,吃鸡时特意不食鸡皮。

时代的变迁、生活水平的提高也反映在了舌尖上,甚至最先反映在了舌尖上,毕竟,"民以食为天"。

白面发

"二十八,白面发。"发白面是为了蒸面食,如馒头、包子、花馍等。心灵手巧的人们会用面捏成各种各样的小动物,有的地方的人们更会蒸出令人惊叹的花馍,这已经不是普通的食物,而是民间艺术品、非物质文化遗产了。

供香斗

"二十九,供香斗。"在这一天,人们洗刷祭器,准备供桌,摆好先祖的牌位、遗像,以备除夕祭祖之用。而祭拜祖坟、宗祠拜祖的仪式,许多地方在小年之前就已经举行了。

鲁迅先生在小说《祝福》中对此也有描述:

家中却一律忙，都在准备着"祝福"。这是鲁镇年终的大典，致敬尽礼，迎接福神，拜求来年一年中的好运气的。杀鸡，宰鹅，买猪肉，用心细细的洗，女人的臂膊都在水里浸得通红，有的还带着绞丝银镯子。煮熟之后，横七竖八的插些筷子在这类东西上，可就称为"福礼"了，五更天陈列起来，并且点上香烛，恭请福神们来享用，拜的却只限于男人，拜完自然仍然是放爆竹。年年如此，家家如此，——只要买得起福礼和爆竹之类的，——今年自然也如此。

贴春联

"二十四，写大字"，写完之后自然是要贴起来的。

与其他对联不同，春联是有横批的，如"欢度佳节""吉祥如意""风调雨顺""国泰民安"之类的四字吉语，贴在门楣上。

此外，粮囤上可以贴"五谷丰登"，庭院里可以贴"抬头见喜""出入平安"，影壁墙则贴"福"字等。

"天增岁月人增寿，春满乾坤福满门。"春联里，寄托着人们对美好生活的期盼。

贴窗花

为了烘托节日气氛，春节前人们也会贴窗花。

春节期间贴的窗花自然是大红色，都是喜庆吉祥的题材，比如"五谷丰登""连年有余""龙凤呈祥"等。有时候也会以新年的生肖为主题，比如2023年是兔年，那就不妨贴几只活泼可爱的小兔子。

为了避免遮挡光线，窗花一般是镂空的，尺寸也不会太大。

心灵手巧的人们，一把剪刀，一张红纸，就能剪出一个美妙的世界，难怪不少地方的特色剪纸被列入"非遗"项目。

贴门神

最初,人们为了驱邪祈福而挂桃符,上面画的是神荼、郁垒兄弟。后来门神怎么变成了秦琼和尉迟恭?

据说唐太宗李世民前半生南征北讨,杀戮太多,夜里总是梦见恶鬼嚷闹。长此以往,缺觉的李世民都快神经衰弱了。万般无奈之下,他让大将秦琼和尉迟恭全副武装,每天在寝宫门口站岗。猛将守门,从此李世民拥有了婴儿般的睡眠。

但是,秦琼和尉迟恭也不是机器人,白天上朝,晚上守夜,工作强度比007还高,显然也是不可持续的。思来想去,李世民命人把二人画成画像贴在寝宫门口,居然同样有效。这样一来,李世民可以安睡,秦琼和尉迟恭也不至于过劳死,堪称皆大欢喜。

这件事传到了民间,老百姓为求家宅平安,也纷纷

把秦琼和尉迟恭的画像贴在自家的门上,至少在这件事上享受到了皇帝级别的待遇。不知道李世民知道此事后会不会说:"什么档次,和我贴一样的门神!"

就这样,秦琼和尉迟恭逐渐取代了神荼、郁垒,成为新一代的门神,直到今天仍然兢兢业业地出现在千家万户的大门上。

挂年画

和门神、窗花一样,年画也是中国民间非常普及的艺术品。

年画色彩鲜艳,内容吉祥,题材也与时俱进,丰富多彩。"福禄寿三星""天官赐福""五谷丰登""六畜兴旺""迎春接福""闹花灯"……

苏州桃花坞、天津杨柳青和潍坊杨家埠是年画的三大重镇,形成了中国年画各具特色的三大流派。

祭祖

送走了大年二十九，终于迎来了除夕。这天的一个重要环节就是祭祖。《红楼梦》中对此有详细的描写：

> 且说贾珍那边，开了宗祠，着人打扫，收拾供器，请神主，又打扫上房，以备悬供遗真影像。
>
> ……
>
> 已到了腊月二十九日了，各色齐备，两府中都换了门神、联对、挂牌，新油了桃符，焕然一新。宁国府从大门、仪门、大厅、暖阁、内厅、内三门、内仪门并内塞门，直到正堂，一路正门大开，两边阶下，一色朱红大高照灯，点的两条金龙一般。次日，由贾母有诰封者，皆按品级着朝服，先坐八人大轿，带领着众人进宫朝贺行礼，领宴毕回来，便到宁国府暖阁下轿。诸子弟有未随入朝者，皆在宁府门前排班伺侯，然后引入宗祠。
>
> ……
>
> 只见贾府人分昭穆排班立定：贾敬主祭，贾赦陪

祭，贾珍献爵，贾琏、贾琮献帛，宝玉捧香，贾菖、贾菱展拜毯，守焚池。青衣乐奏，三献爵，拜兴毕，焚帛奠酒，礼毕乐止，退出。众人围随着贾母，至正堂上。影前锦幔高挂，彩屏张护，香烛辉煌。上面正居中悬着宁荣二祖遗像，皆是披蟒腰玉，两边还有几轴列祖遗影。

贾荇、贾芷等从内仪门挨次列站，直到正堂廊下。槛外方是贾敬、贾赦，槛内是各女眷。众家人小厮皆在仪门之外。每一道菜至，传至仪门，贾荇、贾芷等便接了，按次传至阶上贾敬手中。贾蓉系长房长孙，独他随女眷在槛内。每贾敬捧菜至，传于贾蓉，贾蓉便传于他妻子，又传于凤姐、尤氏诸人，直传至供桌前，方传于王夫人。王夫人传于贾母，贾母方捧放在桌上。邢夫人在供桌之西，东向立，同贾母供放。直至将菜饭汤点酒茶传完，贾蓉方退出，下阶归入贾芹阶位之首。凡从文旁之名者，贾敬为首；下则从玉者，贾珍为首，再下从草头者，贾蓉为首；左昭右穆，男东女西，俟贾母拈香下拜，众人方一齐跪下。将五间大厅，三间抱厦，内外廊檐，阶上阶下两丹墀内，花团锦簇，塞的无一隙空地。鸦雀无闻，只听铿锵叮当，金铃玉佩微微摇曳之声，并起跪靴履飒沓之响。

贾家是钟鸣鼎食的贵族，祭祖仪式自然要比平民百姓隆重得多。但是，无论天子还是庶民，对待如此庄严肃穆的活动，慎终追远的理念是一样的。

年夜饭

祭拜了先人，人们就该为除夕的年夜饭忙碌了。前面说过，即便是物质匮乏的年代，即便是非常贫寒的家庭，为了这一顿年夜饭也要竭尽全力。

在物质生活富足的当下，年夜饭自然更加丰盛，气氛更加欢乐、温馨。天刚擦黑，大家就纷纷在各种社交平台上晒出各式各样的年夜饭了。

20世纪80年代以后，随着电视的逐渐普及，除夕夜还出现了一个新的环节——打开电视，收看春节联欢晚会。毕竟，人除了吃饱穿暖，也需要精神食粮。或者说，正是因为衣食无忧，才有了更高的追求，更需要精神食粮。

近年来，各大卫视的春节晚会越办越多，观众的选择也就越来越多。对很多家庭来说，整个春节期间，反复重播的春节晚会都会是客厅的背景音。这也算是一个新民俗了。

守岁

　　守岁就是除夕晚上不睡觉，所谓"三十晚上熬一宿"。

　　为什么要"熬一宿"？这要从"年"的传说说起。很久很久以前，有一个叫"年"的怪兽为祸人间。它每到除夕夜就来人间吃人，待到雄鸡报晓就打道回府了。

　　在与"年"的斗争中，人们逐渐掌握了它的习性：害怕红色，害怕火光和炸响。于是人们把除夕夜视为关煞，称作"年关"，并且根据"年"的习性想出了一整套"过年关"的办法。每到除夕，人们祭祀祖先，请求他们保佑后人。家家户户都做好丰盛的晚餐，家人们团聚在一起，饱餐一顿。晚饭后大家坐在一起闲聊，彼此壮胆。到了子时，家家户户都鸣放红色的爆竹，希望能把"年"吓跑。

　　待到大年初一，雄鸡一唱，大家纷纷走出家门，互相庆贺，"每个人的脸上都笑开颜"。

　　还有一个故事和"年"的故事模式差不多。很久很久以前，有一个叫"夕"的怪兽为祸人间。它怕的东西和"年"一模一样：红色、火光、炸响。人们利用它的弱点除掉了它，而除掉"夕"的那天就叫作"除夕"。

　　除夕守岁的时候，诗人们常常诗兴大发。摆脱了霾梦的唐太宗李世民心情相当不错：

> 暮景斜芳殿，年华丽绮宫。
> 寒辞去冬雪，暖带入春风。
> 阶馥舒梅素，盘花卷烛红。
> 共欢新故岁，迎送一宵中。

我自己可以主动守岁不睡觉，但是被迫不睡觉，那可不成！

清代诗人赵翼兴致更高：

> 烛影摇红焰尚明，寒深知已积琼英。
> 老夫冒冷披衣起，要听雄鸡第一声。

不怕夜深不怕冷，只为听到大年初一的第一声鸡鸣。你可能觉得这也没什么大不了的，但是，要知道，诗人当时已经八十有五，人生七十古来稀，光是这个年龄就已经让很多人甘拜下风了。这句兴致勃勃的"老夫冒冷披衣起"完全可以读作"老夫聊发少年狂"。

除夕饺子

除夕守岁时还有两件事很重要：一是放爆竹，一是吃饺子。

吃饺子前要先放爆竹，要在夜里12点以前吃。

"好吃不过饺子，舒服不过倒着。"饺子的好味道就不必说了，它的形状也很吉利，像元宝，有"招财进宝"的好彩头。人们为了吉上加吉，还会把糖和硬币包在饺子里。吃到糖就代表新的一年甜甜蜜蜜，吃到硬币则意味着新的一年财源广进。

不过，在甜甜蜜蜜和财源广进之前，"幸运儿"可能先被硌痛了牙齿、把硬币囫囵吞下肚，更有甚者居然因为吃得太急而被硬币卡住，不得不在大年夜求助于消防员，堪称乐极生悲、悲欣交集。另外，硬币是法定流通货币，辗转多人之手，不知沾了多少细菌，洗是肯定洗不干净的，就算再下锅煮一遭，想想也总是令人心中嘀咕。

所以，"财源广进"的彩头虽然好，硬币还是不包比较妙。毕竟，能不能财源广进，更多地取决于所处的时代和当事人自身的努力，而不是靠一枚有可能把人送进当地消防队或医院急诊科的小小硬币。

我国地域辽阔，除夕饺子的习俗也有地域差异。有

些地方不吃饺子，而是吃年糕，"一年更比一年高"。

放爆竹

春节期间，大街小巷时常响起震耳欲聋的爆竹声。爆竹是怎么来的呢？

传说从前有一个叫李畋的人，除夕夜为了吓退山鬼，就把竹子投入火中。山鬼听到"噼噼啪啪"的声音，就被吓跑了。这就是王安石诗中"爆竹声中一岁除"中"爆竹"一词的由来。火药发明以后，爆竹也发生了变化，从烧竹子发展为用纸筒灌装火药引爆，在此基础上又出现了各种花炮、烟花。

《红楼梦》中，元春曾经作过一个灯谜：

> 能使妖魔胆尽摧，身如束帛气如雷。
> 一声震得人方恐，回首相看已化灰。

答案就是爆竹。

在过去，放爆竹有许多讲究：除夕夜吃饺子之前要放爆竹，大年初一早上要放开门爆竹，而后才能出门。

近年来，随着人们环保意识的提高，燃放爆竹的负面影响越来越引发关注。燃放爆竹会造成空气污染，燃放后的废纸会加重环卫工人的负担，飞上天的烟花更是存在严重的火灾隐患，而且每年都有人被烟花爆竹炸伤。更有一些人不知道出于什么考虑，专门把爆竹往下水道里扔。明火引燃沼气，随着一声巨响，井盖飞起几米高，甚至炸得路面塌陷，只看回放的监控录像都让人胆战心惊。

因此，不少城市出台了"禁燃令"，即便没有"禁燃令"的城市，有关部门也往往呼吁人们尽量少燃放或不燃放烟花爆竹，文明、安全过春节。

一边是传统，一边是环保和安全，烟花爆竹，放还是不放，还真是个问题。有人说不放爆竹会让本来就越来越淡的年味雪上加霜，以此支持燃放；有人则举出烟花爆竹引发火灾、炸伤路人的种种新闻反对燃放。双方各执一词，争执不下。你的选择是什么？

拜年

子时一过，人们就按辈分开始给家中的长辈拜年。

家庭内部拜年结束后，大年初一早晨，人们就开始给亲戚、长辈、朋友们拜年，一直持续到初五。

一般来说，已婚女子初二要回娘家，女婿要带上礼物同去，给岳父岳母拜年。

因此，每年大年初二，田间地头都会出现一些神秘的陌生男子。他们百无聊赖，或吸烟，或看天，或踢小石子，或玩手机，见了人还露出尴尬而不失礼貌的微笑。不用问也知道，十有八九是陪妻子回娘家的姑爷们。

清代筱廷的《拜年》写道：

> 自家翻历拣良辰，遍约诸亲与比邻。
> 今日娘家明日舅，预先分派配均匀。

亲戚太多，怎么安排也需要统筹规划。哪天是良辰吉日，哪天去哪个亲戚家，务必事先安排好，以免临期手忙脚乱。

"童话大王"郑渊洁对拜年的风俗有过非常风趣的描写：

> 太原过春节的风俗是串门拜年。从正月初二起，人们就像着魔似的轮番往自己认识的人家跑，你来我往好不热闹，家家都是走马灯式的你方唱罢我登场，场面全都一样：见面拜年寒暄，主人说请坐请吃瓜子花生糖果请抽烟请喝茶，客人说不吃不吃刚吃过不喝不喝刚喝完，话还没说圆乎，又来一拨客人。于是老客告辞，新客落座，重复刚才的内容请坐请吃请喝刚吃完刚喝过……
>
> 我家也不例外，人来人往直累得母亲抱怨说脚后跟疼。
>
> ……
>
> 正月初六，疯狂拜年的太原人已经累得精疲力竭了只有出的气没有进的气了，家家终于清净下来，我家也不例外。

在古代，如果亲戚朋友离得太远，不能亲自登门，也可以派人送上写着拜年的吉利话的名片，称为"飞帖"，相当于现在的贺年卡。

不过，随着科技的发展，书信、贺年卡这种"从前慢"的问候方式逐渐被电话、视频、短消息等更快捷的方式取代了，大家用信息轰炸亲友，也被亲友用信息轰炸。有的群发消息甚至不走心到忘了修改后缀，让人尴尬到脚趾抓地。不过，无论通过什么方式，春节期间的问候、祝福都是维系亲友关系、维系社会关系的重要方式，哪怕它是一条会帮倒忙的忘了修改后缀的不走心的群发消息。

压岁钱

晚辈向长辈拜完年，长辈就要拿出红包分给晚辈，这就是"压岁钱"。

清代吴曼云的《压岁钱》说：

> 百十钱穿彩线长，分来角枕自收藏。
> 商量爆竹饧箫价，添得娇儿一夜忙。

拿到了压岁钱的小孩儿，把钱珍而重之地藏在枕头

底下，盘算着拿它去买爆竹、买玩具，兴奋地盼着天亮，一夜难眠。鲁迅先生也曾经是一个这样的小孩儿：

> 一年中最高兴的时节，自然要数除夕了。辞岁之后，从长辈得到压岁钱，红纸包着，放在枕边，只要过一宵，便可以随意使用。睡在枕上，看着红包，想到明天买来的小鼓，刀枪，泥人，糖菩萨……

这种习俗的产生，也是由于过去百姓生活太苦，小孩子一年到头就盼着过年，能吃到一点甜蜜的糖瓜，穿一件没有补丁的新衣服，得到一点点可供自己支配的压岁钱，买一些渴望已久的玩具。

我们常说，中华民族是一个勤劳勇敢、艰苦奋斗的民族，先人的清苦节俭从各种年俗中也可窥一斑。筚路蓝缕，艰苦奋斗，我们这个民族，我们这个国家，就是这样一路走过来的。

值得高兴的是，在物质生活大大改善的今天，小孩子再也不必苦苦地盼着过年的一件新衣服和几粒糖果了。至于营养过剩而运动不足导致出现了众多小胖墩儿，引发全社会关注，那就是另外一个话题了。

一年之初

你知道吗？新年开始的几天都是有说法的。

传说女娲在造人之前，于正月初一造出鸡，初二造出狗，初三造出猪，初四造出羊，初五造出牛，初六造出马。初七这一天，女娲用黄土和水，仿照自己的样子造出了人。

所以，正月初一是鸡日，"金鸡报晓"。正月初二是狗日，"金犬报春"。以此类推，"肥猪拱门""三羊开泰""艮牛耕春""马到成功"，正月初七当然就是人日啦！

"人寿年丰"，人日这一天，官府不能处决罪犯，家长不能教训孩子。每逢人日，人们要隆重庆祝，历代诗人多有感怀，时有佳作。隋代诗人薛道衡写道：

> 入春才七日，离家已二年。
> 人归落雁后，思发在花前。

唐代诗人高适则非常思念自己的好朋友杜甫：

> 人日题诗寄草堂，遥怜故人思故乡。
> 柳条弄色不忍见，梅花满枝空断肠。
> 身在远藩无所预，心怀百忧复千虑。
> 今年人日空相忆，明年人日知何处。
> 一卧东山三十春，岂知书剑老风尘。
> 龙钟还忝二千石，愧尔东西南北人。

但是杜甫在人日写了两首诗都没有想念高适，高适的思念到底是错付了呀……开玩笑的，若干年后，高适离世，杜甫翻书，无意间找到了高适的《人日寄杜二拾遗》，"泪洒行间，读终篇末"，写下《追酬故高蜀州人日见寄》：

> 自蒙蜀州人日作，不意清诗久零落。
> 今晨散帙眼忽开，迸泪幽吟事如昨。
> ……

时至今日，因为春节假期往往只放到正月初六，很多回家过年的游子等不到人日就得远走他乡，准备开工。每当此时，我们都会在社交平台上看到塞得满满当当的后备箱、行李箱，哭喊着追着外出务工的父母送了一程又一程的孩子，站在门口久久不肯离去、悄悄抹去眼角浊泪的老人……

手机充电器从家里的插座上拔下来，再见就又要等一年。团聚，欢笑，分别，泪水，远走，拼搏……

年复一年，这就是春节，我们中国人最重要的节日。

◆ 扩展阅读 ◆

送灶日漫笔

鲁迅先生曾经在1926年的送灶日有感而发：

坐听着远远近近的爆竹声，知道灶君先生们都在陆续上天，向玉皇大帝讲他的东家的坏话去了，但是他大概终于没有讲，否则，中国人一定比现在要更倒楣。

灶君升天的那日，街上还卖着一种糖，有柑子那么大小，在我们那里也有这东西，然而扁的，像一个厚厚的小烙饼。那就是所谓"胶牙饧"了。本意是在请灶君吃了，粘住他的牙，使他不能调嘴学舌，对玉帝说坏话。我们中国人意中的神鬼，似乎比活人要老实些，所以对鬼神要用这样的强硬手段，而于活人却只好请吃饭。

……

灶君虽上天，满嘴是糖，在玉皇大帝面前含含胡胡地说了一通，又下来了。对于下界的情形，玉皇大帝一点也听不懂，一点也不知道，于是我们今年当然还是一切照旧，天下太平。

我们中国人对于鬼神也有这样的手段。

我们中国人虽然敬信鬼神；却以为鬼神总比人们傻，所以就用了特别的方法来处治他。

"街上还卖着一种糖，有柑子那么大小"，看样子应该就是糖瓜了。大先生对国民性看得很透，我们中国人对待鬼神的态度是很务实的，还带着小小的狡狯。

东风夜放花千树

元宵节

正月十五日元宵节，又称上元节、元夕、灯节。

"正月十五闹元宵"，元宵节的由来可以追溯到商代，佛教传入中国后，于正月十五夜燃灯表佛，相沿成习，燃灯赏灯成为正月十五的盛事。

到了唐代，在统治者的倡导下，赏灯活动更加热闹豪华。唐代诗人卢照邻写道：

> 锦里开芳宴，兰缸艳早年。
> 缛彩遥分地，繁光远缀天。
> 接汉疑星落，依楼似月悬。
> 别有千金笑，来映九枝前。

宋代的元宵灯会规模更大，灯饰也更加奇幻精美。白昼为市，夜间燃灯，观灯、歌舞、杂技、猜谜，一个都不能少。南宋词人辛弃疾写道：

> 东风夜放花千树。
> 更吹落、星如雨。
> 宝马雕车香满路。
> 凤箫声动，玉壶光转，一夜鱼龙舞。

通宵达旦，彻夜狂欢，可见元宵灯会的热闹与繁华。《水浒传》中对此也有详细的描述：

> 家家门前扎起灯棚，都要赛挂好灯，巧样烟火。户内缚起山棚，摆放五色屏风炮灯，四边都挂名人画片并奇异古董玩器之物。在城大街小巷，家家都要点灯。大名府留守司州桥边搭起一座鳌山，上面盘红黄纸龙两条，每片鳞甲上点灯一盏，口喷净水。去州桥河内周围上下，点灯不计其数。铜佛寺前扎起一座鳌山，

> 上面盘青龙一条，周回也有千百盏花灯。翠云楼前也扎起一座鳌山，上面盘着一条白龙，四面灯火不计其数。

鳌山上面盘着红黄两条纸龙，每片鳞甲上都点一盏灯，这是何等的璀璨夺目！更神奇的是纸龙还会喷水，这是花灯还是喷泉？令人十分神往。

这还只是大名府的花灯，大宋东京汴梁的花灯自然更加金碧辉煌。可惜，不管是大名府的灯会还是汴梁城的灯会，都被梁山泊众人一番大闹，弄了个人仰马翻、不欢而散。两地百姓也因此拥有了一个难忘的元宵节——如果他们在惨遭池鱼之殃之后还活着的话。

这样漂亮的花灯，不用说，造价也非常漂亮。灯油在燃烧，民脂民膏也在燃烧。

北宋的蔡襄在福州做知州的时候，下令每家每户元宵节都要点七盏灯。这实在有点"何不食肉糜"的意思了，很多百姓家里连吃油都困难，晚上恨不能囊萤映雪、凿壁偷光，哪里有闲钱来点什么灯，更何况是七盏灯？

于是，一个叫陈烈的人挺身而出，造了一盏一丈多的大灯，上书大字：

> 富家一盏灯，太仓一粒粟；
> 贫家一盏灯，父子相对哭。
> 风流太守知不知？犹恨笙歌无妙曲。

蔡襄见了，知道自己之前的命令十分不妥，当即下令罢灯。

蔡襄是北宋著名书法家，"苏黄米蔡"里的"蔡"就是他。从这个故事看，他虽然下令点灯的时候欠考虑，总算是"过而能改，善莫大焉"。

另一个州官脸皮就厚得多了。此人名叫田登，因为名字叫"登"，所以忌讳别人说"登"，甚至连"登"的同音字都不行。比如，不能说"点灯"，要说"点火"。

这一年正月十五元宵节，州府贴出告示："本州依例放火三日。"

当地人把"点灯"叫"放灯"，既然州官大人不让说"灯"，那就只好说"火"了，元宵节"放灯"也就变成了令人啼笑皆非的元宵节"放火"。

大家见了告示，无不绝倒："这可真是'只许州官放火，不许百姓点灯'了！"

这个故事出自南宋诗人陆游所著的《老学庵笔记》,"只许州官放火,不许百姓点灯"就是出自这里。

我们熟悉的元宵节活动,除了看灯会,还有猜灯谜、吃元宵。

灯谜就是谜语,只不过谜面要贴在花灯上供人猜,所以叫"灯谜"。《红楼梦》中多次描写猜灯谜的活动,每个人所作的灯谜都巧妙地与其命运相关,给红迷提供了无限想象与讨论的空间。前面春节的部分已经说过,元春作了一个灯谜,谜底是"爆竹",在此不赘述。猜中灯谜的人领到了什么奖品?每人一个宫制诗筒、一柄茶筅,都是不算昂贵但非常风雅之物,与猜灯谜的活动很契合。就是这么个简单的谜语,贾环也没有猜出来,还编出了一个除了他自己谁都猜不出来的"大哥二哥"的奇谜,令人喷饭。

元宵节这天,还要吃元宵或汤圆。它们的原料、外形差别都不大,主要是制作方法不同。元宵是"滚"出来的,汤圆是"包"出来的。北方多吃元宵,南方多吃汤圆。

制作元宵,先将馅和好,分成小块,再把馅料扔进盛满糯米面的筐箩内反复摇滚,直到滚成圆球;汤圆则先把糯米粉加水和成团,再把面做成皮,放入馅料,收口,就大功告成了。

除了看花灯、猜灯谜、吃元宵，元宵节也是一个浪漫的节日。这一天，年轻男女邂逅，留下许多佳话。北宋文学家欧阳修写道：

> 去年元夜时，花市灯如昼。
> 月上柳梢头，人约黄昏后。

元宵节见证着浪漫约会，也见证着破镜重圆。

南朝陈后主陈叔宝有一个妹妹乐昌公主，嫁给太子舍人徐德言为妻。

隋文帝杨坚于581年登基，比陈叔宝早了一年。杨坚手握雄兵，只待一统山河。陈叔宝的小朝廷岌岌可危，他却沉迷享乐，希望长江天堑能替他挡住隋军。如果长江能说话，一定大喊"臣妾做不到"。

徐德言可不像他的大舅哥陈叔宝那么乐观或者说愚蠢，他知道迟早要国破家亡，就把一面铜镜破成两半，夫妻两人各留半边。徐德言推测，以公主的才貌，国破后必被掠入京城豪门。夫妻二人约定，每到正月十五，公主就派人把自己的半片铜镜拿到街市去卖，徐德言也会到街市寻找，希望夫妻二人能借此重逢。

果然，589年，隋军攻破了陈的都城建业，也就是现在的南京。隋文帝杨坚就此结束了西晋以来近三百年的分裂局面，再次建立了大一统的国家。

陈叔宝也真是个人才，国破家亡之际，毫不考虑国家的尊严和君王的体面，忙不迭地带着妃子张丽华和孔嫔妃钻进枯井。但是跳井也不中用，隋军活要见人死要见尸，很快就搜到了井边，把狼狈不堪的三个人拽了上来。唐代诗人杜牧写道：

> 整整复斜斜，随旗簇晚沙。
> 门外韩擒虎，楼头张丽华。
> 谁怜容足地，却羡井中蛙。

隋军大将韩擒虎都兵临城下了，陈叔宝还接着奏乐接着舞，这国亡得一点都不冤。

就这样，陈后主及其嫔妃、亲戚都被隋军俘虏。果然不出徐德言所料，才貌出众的乐昌公主被作为战利品分配给了权臣杨素。

驸马徐德言也活了下来。他历尽艰辛，终于在正月十五赶到了京城的街市，果然看见一个老人拿着半片铜镜叫卖。围观群众议论纷纷，不知道这是唱的哪一出。徐德言非常激动，忙取出珍藏的另一片铜镜，两片铜镜果然拼得严丝合缝。卖镜老人说公主现在在杨素的府中。

侯门似海，找到了公主又能怎样？徐德言心中五味杂陈，提笔在拼合的铜镜上写道：

> 镜与人俱去，镜归人不归。
> 无复嫦娥影，空留明月辉。

卖镜老人把铜镜带回杨府，乐昌公主看了铜镜上的诗，知道丈夫尚在人间，却无法团聚，不禁伤心欲绝。

杨素得知此事，就派人将徐德言召入府中。夫妻相见，悲欣交集。杨素也不想做个棒打鸳鸯的反派，于是赠给徐德言夫妇一笔钱，让他们夫妻团聚。

说到杨素，唐传奇《虬髯客传》中的红拂女就是杨素府上的歌伎。看来杨府的水土不大养女孩子，大家都想着离开。《红楼梦》中林妹妹作《五美吟》，有一首就是写红拂女：

> 长揖雄谈态自殊，美人巨眼识穷途。
> 尸居余气杨公幕，岂得羁縻女丈夫？

"尸居余气杨公幕"，红拂女走就走吧，还要拉踩一下杨素，说李靖是英雄，而杨素已经"尸居余气"，好像李靖就永远不会老一样。

啧，杨素不要看，是恶评。

元宵节是中国年最后的狂欢了，除了吃元宵、猜灯谜、观花灯，还有很多庆祝活动：舞龙灯、舞狮子、踩高跷、划旱船……突出一个"闹"字。

然而，无论有多么热闹、多么不舍，元宵节结束，春节就真的结束了。人们该返岗的返岗，该返校的返校，有的还要在返校之前哭着喊着狂补几天作业。打起精神，新的一年就这样开始了。

◆ 扩展阅读 ◆

《红楼梦》中的元宵灯谜

贾母见元春这般有兴，自己越发喜乐，便命速作一架小巧精致围屏灯来，设于堂屋，命他姊妹们各自暗暗的做了，写出来粘于屏上，然后预备下香茶、细果以及各色玩物，为猜着之贺。
……

贾政亦知贾母之意，撵了自己去后，好让他们姊妹兄弟取乐的，因陪笑道："今日原听见老太太这里大设春灯雅谜，故也备了彩礼酒席，特来入会。何疼孙子、孙女之心，便不略赐与儿子半点？"贾母笑道："你在这里，他们都不敢说笑，没的倒叫我闷。你要猜谜时，我便说一个你猜，猜不着是要罚的。"贾政忙笑道："自然要罚。若猜着了，也是要领赏的。"贾母道："这个自然。"说着便念道：

猴子身轻站树梢。——打一果名

贾政已知是荔枝，便故意乱猜别的，罚了许多东西，然后方猜着，也得了贾母的东西。然后也念一个与贾母猜，念道：

身自端方，体自坚硬。虽不能言，有言必应。——打一用物

说毕，便悄悄的说与宝玉。宝玉意会，又悄悄的告诉了贾

母。贾母想了想，果然不差，便说："是砚台。"贾政笑道："到底是老太太，一猜就是。"回头说："快把贺彩送上来。"地下妇女答应一声，大盘小盘一齐捧上。贾母逐件看去，都是灯节下所用所玩新巧之物，甚喜，遂命："给你老爷斟酒。"

人生如戏，全靠演技。明明知道答案，还要故意乱猜；说出题目，立刻给老妈放水，也是难为政老爷如此"效戏彩斑衣"。

二月二日新雨晴

龙头节

农历二月初二,是"龙抬头"的日子,也是一个传统节日,叫作龙头节、青龙节等。民谚有云:

> 二月二,龙抬头。
> 剪龙头,吃猪头。

过去民间有一种迷信说法,正月里不能剃头,否则会对舅舅不利。嚯,没想到做舅舅居然还有这样的风险!更可气的是,做不做舅舅,舅舅本人完全做不了主,连把命运掌握在自己手里的机会都没有,真是太不公平了。

幸好这只是无稽之谈。而且,到了二月初二,危机就解除了——"剪龙头"嘛!从这一天开始,全中国的舅舅们从正月初一提着的那颗心就可以放回肚里啦,真是普天同庆,连不是舅舅的人都由衷地替他们感到高兴,嘻嘻。

为什么"二月二"是龙抬头的日子？

"二月二龙抬头"的说法和星宿有关。每年农历二月初二晚上，苍龙星宿开始从东方露头，代表龙角的角宿开始从东方地平线上显现，这就是"龙抬头"。

民谚说："二月二，龙抬头，大家小户使耕牛。"

二月初二，大地开始解冻，天气逐渐回暖，农民要开始下地劳作了，所以二月二又被称为春耕节、农事节。

这样草长莺飞的日子，当然是非常适合踏青的。唐代诗人白居易在《二月二日》中写道：

> 二月二日新雨晴，草芽菜甲一时生。
> 轻衫细马春年少，十字津头一字行。

一场春雨过后，小草偷偷地从泥土中探出了头。人们换上了轻薄的春衫，鲜衣怒马，到郊外踏青。

唐代诗人李商隐也写过一首同名诗：

> 二月二日江上行，东风日暖闻吹笙。
> 花须柳眼各无赖，紫蝶黄蜂俱有情。

花红柳绿，蜂飞蝶舞，春天简直太美好啦！

二月初二，很多地方要吃炒豆子，呼之曰"蝎子爪"，虽然看上去并不像。豆子放在锅里爆炒，噼噼啪啪，好像虫子在锅里饱受煎熬、蹦蹦跳跳，取炒虫、驱虫之意。据说二月二吃了炒豆子，一年都不被蝎子蜇。

在二月二这一天，吃别的东西也都以龙的身体部位命名。面条叫"龙须面"，烙饼叫"龙鳞"，米饭叫"龙子"，饺子则荣升为"龙耳"，总之都有好彩头，只管大吃特吃就是了。

清明时节雨纷纷

清明节 #

> 清明时节雨纷纷，路上行人欲断魂。
> 借问酒家何处有，牧童遥指杏花村。

这首诗我们已经很熟悉了，还有人把它改成了一首词：

> 清明时节雨。
> 纷纷路上行人，欲断魂。
> 借问酒家何处？
> 有牧童，遥指杏花村。

文字游戏，饶有趣味。

清明节是我国的传统节日。提到清明节，要先说说寒食节。

春秋时期，晋献公的妃子骊姬为了给自己的儿子奚

齐扫除障碍，就设各种毒计谋害其他公子。太子申生被迫自杀，公子重耳逃出晋国，颠沛流离，有一群部下一直追随左右。

有一次，重耳一行人断了炊。重耳的部下介子推偷偷从自己腿上割下了一块肉，做熟了给重耳吃。

后来，重耳回到晋国做了君主，就是"春秋五霸"之一的晋文公。他对那些曾经和他共患难的臣子都大加封赏，唯独忘了介子推。

后来，晋文公想起了介子推的功劳，赶紧亲自上门，请介子推出来做官。谁知介子推不愿居功，提前背着老母躲进了绵山。

绵山那么大，要找到两个有意躲藏的人，简直是大海捞针。有人给晋文公出了个主意：三面点火，介子推如果不想死，就一定会自己从没火的地方走出来，省时省力，岂不美哉？

出主意放火烧山，晋文公非但没有让这个大聪明把牢底坐穿，反而吩咐手下照做。结果，大火烧了三天三夜，介子推始终没有出现。

待到大火熄灭，大家上山一看，介子推母子俩抱着一棵烧焦的大柳树，已经死了。晋文公后悔莫及，只得厚葬了介子推母子。

为了纪念介子推，晋文公下令把这座惨遭池鱼之殃的绵山改名为介山，把这一天定为寒食节，并且下令：每年这天，全国人民都不许动烟火，只能吃冷食。全国人民真是人在家中坐，祸从天上来。

第二年的这一天，晋文公又来到大柳树这里祭奠介子推。只见烧焦的柳树春风吹又生，可惜介子推母子做不到了。

这个故事涉及寒食节的三个风俗：禁火、冷食、祭祀。唐代诗人韩翃有一首《寒食》诗：

> 春城无处不飞花，寒食东风御柳斜。
> 日暮汉宫传蜡烛，轻烟散入五侯家。

不能生火，想不吃凉的也难，毕竟那时候还没有电器。但是，寒食节不能生火，那只是平民百姓要遵守的规矩，皇帝的宠臣大可不用受这份罪。这不，黄昏时皇宫中传赐蜡烛，权贵大臣，人人有份。

后来，因为寒食节和清明节时间很近，前者的祭扫任务就渐渐地转移到了清明节，不动火、吃冷食的习俗则逐渐被人们抛弃——好好的为什么要自虐？

现在，清明节是国家的法定节假日，国家公祭，百姓私祭，气氛都十分庄严肃穆。

除了扫墓，清明节还有踏青游玩的习俗。

本来，扫墓宜悲，踏青宜乐，又悲又乐，看上去似乎有点精神分裂。早在唐代，唐高宗李治就注意到了这一点，颁布了一道诏书，说：

> 亦有送葬之时，共为燕饮，递相酬劝，酣醉始归。或寒食上墓，复为欢乐，坐对松槚，曾无戚容。既点风猷，并宜禁断。

你们送葬的时候大吃大喝，使劲劝酒，喝得醉醺醺的才回家，把寒食扫墓当成郊游，毫无悲戚的意思，有伤风化，不可如此。

但是，有些事，真不是官府所能禁止的。明代的《帝京景物略》记载：

> 三月清明日，男女扫墓，担提尊榼，轿马后挂楮锭，粲粲然满道也。拜者、酹者、哭者、为墓除草添土者，焚楮锭次，以纸钱置坟头。望中无纸钱，则孤坟矣。哭罢，不归也，趋芳树，择园圃，列坐尽醉，有歌者，哭笑无端，哀往而乐回也。

看，一直到明代，大家还是这样，哭哭啼啼扫完了墓，接着嘻嘻哈哈去郊游。

扫墓是为了过去，踏青是为了现在。不能为现在忘了过去，但也不能为过去放弃现在，人总得往前看。哀往而乐回，什么都不耽误。还是陶渊明活得通透：

> 亲戚或余悲，他人亦已歌。
> 死去何所道，托体同山阿。

说到清明节郊游，唐代有一个叫崔护的书生，有一年清明节，见天气很好，就一个人到城南郊外踏青。

走着走着，崔护口渴了，正好前面有一户人家，他就前去讨水。开门的是一个美丽的少女，她落落大方地

将崔护让进院子，给他端来清水。

第二年的清明节，崔护又去城南郊外，希望还能看见那位姑娘。可惜，不知这户人家是搬走了还是也出门踏青了，总之，院门紧闭，铁将军把门。

崔护十分惆怅，提笔在门上题诗一首：

> 去年今日此门中，人面桃花相映红。
> 人面不知何处去？桃花依旧笑春风。

这就是成语"人面桃花"的出处。

荡秋千、蹴鞠、放风筝也是清明节的重要活动，诗圣杜甫在《清明》中写道：

> 十年蹴鞠将雏远，万里秋千习俗同。

诗佛王维的《寒食城东即事》说：

> 蹴鞠屡过飞鸟上，秋千竞出垂杨里。

放风筝是很好的活动，既能亲近自然，又能放松身心，大家不妨多多参与。

扩展阅读

黄州寒食诗帖

"乌台诗案"之后，苏轼被贬到黄州做团练副使。为了散心，他四处游山玩水。黄州的赤壁矶和孙刘联军大破曹军的故事给了苏轼无限灵感，他写下了《前赤壁赋》《后赤壁赋》《念奴娇·赤壁怀古》等千古名作。虽然这个赤壁矶并不是三国时孙刘联军大破曹军的那个赤壁，但是这重要吗？

大江东去，浪淘尽、千古风流人物。故垒西边，人道是，三国周郎赤壁。乱石穿空，惊涛拍岸，卷起千堆雪。江山如画，一时多少豪杰。

遥想公瑾当年，小乔初嫁了，雄姿英发。羽扇纶巾，谈笑间，樯橹灰飞烟灭。故国神游，多情应笑我，早生华发。人生如梦，一樽还酹江月。

在黄州的第三年，寒食这一天，苏轼写了两首诗，抒发自己的心境。

自我来黄州，已过三寒食。年年欲惜春，春去不容惜。
今年又苦雨，两月秋萧瑟。卧闻海棠花，泥污燕支雪。
暗中偷负去，夜半真有力。何殊病少年，病起须已白。

春江欲入户，雨势来不已。小屋如渔舟，濛濛水云里。
空庖煮寒菜，破灶烧湿苇。那知是寒食，但见乌衔纸。
君门深九重，坟墓在万里。也拟哭涂穷，死灰吹不起。

　　苏轼此时的心情实在谈不上好，这两首诗也写得十分苍凉，充满了孤独惆怅之意。他一生名篇佳作无数，这两首《黄州寒食诗》不算出众，但是《黄州寒食诗帖》在书法史上却占有重要的地位，排在王羲之《兰亭序》和颜真卿《祭侄文稿》之后，被誉为"天下第三行书"。

春雨惊春清谷天
二十四节气

2022年北京冬奥会开幕式的惊艳开场，让世界重新认识了中国的二十四节气。更为巧合的是，开幕式当天就是立春，这也给开幕式的倒计时环节提供了灵感来源。

早在春秋战国时期，我们的先民就利用土圭确定了春分、夏至、秋分、冬至等四个节气。

一年中，土圭在正午时分影子最短的一天为夏至，最长的一天为冬至，影子长度适中的为春分与秋分。太阳从黄经零度起，沿黄经每运行15度所经历的时日称为一个节气。太阳每年运行360度，共经历二十四个节气，每月两个。

二十四节气比较客观地反映了一年四季气温、降雨、物候等方面的变化，所以我国古代劳动人民用它安排农事活动，还总结出了一首二十四节气歌：

> 春雨惊春清谷天，夏满芒夏暑相连。
> 秋处露秋寒霜降，冬雪雪冬小大寒。
> 上半年是六、二十一，
> 下半年是八、二十三。
> 每月两节日期定，最多相差一两天。

"上半年是六、二十一，下半年是八、二十三。"所以清明节的日期基本在阳历的 4 月 4 日到 6 日——"最多相差一两天"嘛！

下面我们简单地了解一下二十四节气。

立春

立春是春季的开始，对于人们的生活至关重要，毕竟，"一年之计在于春"嘛！

立春时要吃春饼、萝卜、春卷等，叫"咬春"。有的地方还有鞭打春牛的习俗。

雨水

顾名思义，到了雨水这个节气，降水增多。

"春雨贵如油"，春天降水充足，丰收就有了保证，难怪春雨会让诗圣杜甫称之为"春夜喜雨""好雨"：

> 好雨知时节，当春乃发生。
> 随风潜入夜，润物细无声。
> 野径云俱黑，江船火独明。
> 晓看红湿处，花重锦官城。

诗人心系家国百姓，一场及时雨，令诗人的喜悦之情跃然纸上。

惊蛰

惊蛰这个节气的名字看上去就很响亮。春雷乍动，惊醒了蛰伏在土中冬眠的动物。

> 惊蛰先开荠菜花，一年春事渐繁奢。
> 相思河畔青青草，独秀溪边嫩嫩芽。
> 闲意态，野生涯。盈筐荐饭美无加。
> 世间一种甜滋味，留与高人子细夸。

清代宗室奕绘的这首《鹧鸪天》，写惊蛰时景色，一派田园风光。

读者可能没有听说过奕绘的名字，但大概率听过他祖父的名字，因为他的祖父就是当年的现象级热播剧《还珠格格》的主角之一、五阿哥永琪。

春分

"春分春分,昼夜平分。"这一天,阳光直射赤道,昼夜等长。此后,阳光直射的位置逐渐北移,北半球昼长夜短,而且白天越来越长,正是:"吃了春分面,一日长一线。"

"春分到,蛋儿俏。"据说这天很容易把鸡蛋竖着立起来,十分有趣,各位读者不妨试试。

清明

"清明前后,点瓜种豆。""植树造林,莫过清明。"

清明一到,气温升高,正是春耕春种的大好时节,也非常适合踏青、放风筝等娱乐活动,之前已经说过,此不赘述。

北宋画家张择端有一张传世名作,名叫《清明上河图》,描绘了清明时节北宋都城汴梁以汴河为中心的生活景象。只见农人在郊外辛勤耕作,而富人扫墓完毕,缓缓归城。汴京的街市车水马龙,热闹非凡。不过,太平盛世下也隐藏着危机。

谷雨

谷雨是"雨生百谷"的意思。

民谚说:"谷雨麦挑旗,立夏麦头齐。""谷雨种棉花,能长好疙瘩。""谷雨节到莫怠慢,抓紧栽种苇藕芡。""谷雨前后栽地瓜,最好不要过立夏。"此时的农事活动也是很忙碌的。

立夏

"清明麻,谷雨花,立夏栽稻点芝麻。"安排得明明白白。

到了立夏,气温明显升高,雷雨增多,农作物进入生长旺季。

立夏的民俗很多,比如"立夏见三新",即品尝三种时令食物,还有斗蛋、称人等。

所谓斗蛋,就是用煮熟的鸡蛋或鸭蛋相互用力比试,谁的先破裂谁就输了。不是鸡蛋碰石头,而是以蛋碰蛋。不管是输是赢,这个蛋总归是要被吃掉的。"立夏吃蛋,石头踩烂。"——立夏吃蛋，人会有劲头。如果石头有意识，一定瑟瑟发抖：你们吃蛋就吃蛋，好好的为什么非要把我给踩烂？

至于称人嘛，顾名思义，就是称人的体重。夏天天气炎热，人们往往食欲不振，就会变瘦。立夏这天称一下体重，立秋这天再称一下，就知道是不是瘦了。所谓"贴秋膘"，也是因为夏天可能会消瘦，所以秋天要补一补。

不过，时过境迁，现代人的苦恼已经不再是瘦，而是不够瘦。只是过个夏天就能瘦，天下居然还有这种好事？那可真是求之不得了。

小满

到了小满时节，夏熟作物籽粒开始饱满，但还未成熟，所以只是"小"满。民谚说："小满小满，麦粒渐满。"不满也不要紧，"小满十八天，青麦也成面"——再等半个多月就成熟啦！

芒种

"芒"是指有芒作物，如大麦、小麦等。"小满不满，芒种开镰。"到了这个节气，有芒作物就要收割了。

不但要收，而且要种。"芒种忙两头，忙收又忙种。""芒种栽薯重十斤，夏至栽薯光根根。"时光不等人，农民真的很辛苦。

夏至

夏至是二十四节气中最早被确定的节气之一，前面说过，两千多年前，我们的先民就采用土圭测日影，确定了夏至。

在这一天，太阳直射北回归线，北半球迎来了最长的白天，北极圈内出现极昼，而南极圈内出现极夜。从这一天开始，白天越来越短，夜晚越来越长。

民谚说："夏至有雨，仓里有米。""夏至雨点值千金。"可见夏至有雨是喜事。

南宋诗人杨万里曾在夏至雨后的傍晚和好友陈师道一起沿溪散步：

> 夕凉恰恰好溪行，暮色催人底急生。
> 半路蛙声迎步止，一荧松火隔篱明。

夏天雨后的傍晚，凉风习习，听取蛙声一片，真的很惬意哦。

小暑

这是一个只看名字就觉得热的节气。民谚有云："冷在三九，热在三伏。""头伏饺子二伏面，三伏烙饼摊鸡蛋。""头伏萝卜二伏菜，三伏还能种荞麦。"——天热，人很受罪。吃点好吃的，该干的农活还是得干。

大暑

"小暑大暑，上蒸下煮。"在这个节气，全国大部分地区都进入了一年中最热的时期，令人大呼"这条命是空调给的"。南宋诗人曾几对大暑的威力深有感触：

> 赤日几时过，清风无处寻。
> 经书聊枕藉，瓜李漫浮沉。
> 兰若静复静，茅茨深又深。
> 炎蒸乃如许，那更惜分阴。

不过，"人在屋里热得躁，稻在田里哈哈笑"，"不热不冷，不成年景"。为了母亲的微笑，为了大地的丰收，人们不得不忍受一下暑热的煎熬了。

立秋

立秋代表秋季的开始。在这一天人们也要称体重，和立夏所称之数比一比，如果瘦了，抓紧时间"贴秋膘"。不过这是古人的习惯，现在很多人上一次秤都要鼓足勇气，对"贴秋膘"更是敬谢不敏。

虽然立秋，但是并不代表气温会立刻降下来。"早立秋凉飕飕，晚立秋热死牛"，"秋老虎"也许会杀个回马枪。

不过，再怎么高温，也只是秋后的蚂蚱，蹦跶不了几天了。"一场秋雨一场寒，十场秋雨要穿棉。"真的吗？你不妨数一数秋雨的数量，看看十场秋雨之后穿什么。

处暑

这个节气的到来表示炎热的暑天结束了，真是让饱受高温折磨的人们激动不已。"处暑白露节，夜凉白天热。"至少晚上可以愉快地安眠了。

白露

> 蒹葭苍苍，白露为霜。
> 所谓伊人，在水一方。

这个节气有一个非常美丽的名字。

到了白露，昼夜温差加大，清晨的露水在叶面上凝结成一层白白的水滴。"白露秋分夜，一夜凉一夜。"虽然"捂春晾秋"，也要注意根据气温添衣保暖啦。

秋分

这一天，太阳直射赤道，全球都昼夜等长。此后，阳光直射的位置逐渐南移，北半球进入夜长昼短的时期。

寒露

寒露，顾名思义，露水已寒，秋已深。唐代诗人元稹写道：

> 寒露惊秋晚，朝看菊渐黄。
> 千家风扫叶，万里雁随阳。
> 化蛤悲群鸟，收田畏早霜。
> 因知松柏志，冬夏色苍苍。

菊花黄了，大雁南飞，只有松柏四季常青。

霜降

到了这个节气，初霜出现。这是秋天的最后一个节气，寒冷的冬天即将来临。

立冬

立冬与立春、立夏、立秋合称"四立"。立冬到来，草木凋零，蛰虫伏藏。农人虽然不会冬眠，但是在田地里忙碌了三季，终于可以暂时歇一歇了。

明代王穉登有《立冬》诗：

> 秋风吹尽旧庭柯，黄叶丹枫客里过。
> 一点禅灯半轮月，今宵寒较昨宵多。

"今宵寒较昨宵多。"天气越来越冷了。

小雪

此时由于天气寒冷，降水由雨变为雪，但雪量还不大，所以叫"小"雪。不过小雪也很好，"小雪雪满天，来年必丰年"。

大雪

　　大雪是冬至前的最后一个节气，此时降雪增多。积雪覆盖大地，能杀死害虫，融化后又能为农作物补水，所以民谚说："今冬麦盖三层被，来年枕着馒头睡。""瑞雪兆丰年。"

冬至

　　这一天，太阳直射南回归线，北半球迎来最长的黑夜，北极圈内则是极夜。不过，冬至过后，白天就变得越来越长了。

　　冬至这天，饺子是必不可少的——"冬至不端饺子碗，冻掉耳朵没人管。"

　　除了吃饺子，还有一件非常有趣的事可以做：绘制九九消寒图。从冬至这一天开始，就进入"一九"了。我们的先民对此早有总结：

> 一九二九不出手，三九四九冰上走。
> 五九六九，沿河看柳。
> 七九河开，八九雁来。
> 九九加一九，耕牛遍地走。

　　九九消寒图的形式有很多，最简单的是画纵横九栏格子，每格中间再画一个圆，共有八十一个，每天涂一个，涂完之日，就是春回大地之时。

　　关于涂色方法，民间也有讲究：

> 下画阴，上画晴，左风右雾雪当中；
> 点尽图中墨黑黑，迎来门外草青青。

　　不但能计算日子，还能记录天气。除此以外，还可以画九朵梅花，每朵九瓣，从冬至开始每天涂一瓣；也有的是写九个空心字，"亭前垂柳珍重待春风"之类，每字九笔，每天涂一笔。无论哪种方式，都是要一日一笔，数过这漫长而寒冷的九九八十一天。不知最初想出这个办法的人是怀着什么样的心情,是无奈、焦躁、平静还是满怀希望?

小寒

小寒的时候天气已经很冷。小寒一过,就进入"出门冰上走"的三九天了。

大寒

大寒是一年中最冷的时候,有时候春节就处于这一节气中。人们要忙忙碌碌,准备年货,欢度新春。

大寒到了,春天还会远吗?大寒过后是立春,又是一个新的轮回。

◆ 扩展阅读 ◆

《红楼梦》中的放风筝

关于清明放风筝，《红楼梦》中有着非常精彩的描写：

此时探春的也取了来，翠墨带着几个小丫头子们在那边山坡上已放了起来。宝琴也命人将自己的一个大红蝙蝠也取来。宝钗也高兴，也取了一个来，却是一连七个大雁的，都放起来。独有宝玉的美人放不起去。宝玉说丫头们不会放，自己放了半天，只起房高，便落下来了。急的宝玉头上出汗，众人又笑。宝玉恨的掷在地下，指着风筝道："若不是个美人，我一顿脚，跺个稀烂！"黛玉笑道："那是顶线不好，拿出去另使人打了顶线，就好了。"宝玉一面使人拿去打顶线，一面又取一个来放。大家都仰面而看天上，这几个风筝都起在半空中去了。

一时，丫鬟们又拿了许多各式各样的"送饭的"来，玩了一回。紫鹃笑道："这一回的劲大，姑娘来放罢。"黛玉听说，用手帕垫着手，顿了一顿，果然风紧力大，接过籰子来，随着风筝的势将籰子一松，只听一阵"豁剌剌"响，登时籰子线尽。黛玉因让众人来放。众人都笑道："各人都有，你先请罢。"黛玉笑道："这一放，虽有趣，只是不忍。"

李纨道："放风筝图的是这一乐，所以又说放晦气，你更该多放些，把你这病根儿都带了去就好了。"紫鹃笑道："我们姑娘越发小气了。哪一年不放几个子？今儿忽然又心疼了。姑娘不放，等我放。"说着，便向雪雁手中接过一把西洋小银剪子来，齐蔓子根下寸丝不留，"咯登"一声铰断，笑道："这一去把病根儿可都带了去了！"那风筝飘飘摇摇，只管往后退了去，一时只有鸡蛋大小，展眼只剩了一点黑星，再展眼便不见了。众人皆仰面睃眼说："有趣，有趣。"宝玉道："可惜不知落在那里去了。若落在有人烟处，被小孩子得了还好，若落在荒郊野外，无人烟处，我替它寂寞。想起来，把我这个放去，教它两个作伴儿罢。"于是也用剪子剪断，照先放去。

探春正要剪自己的凤凰，见天上也有一个凤凰，因道："这也不知是谁家的？"众人皆笑说："且别剪你的，看他倒像要来绞的样儿。"说着，只见那凤凰渐逼近来，遂与这凤凰绞在一处。众人方要往下收线，那一家也要收线，正不开交，又见一个门扇大的玲珑"喜"字带响鞭，在半天如钟鸣一般，也逼近来。众人笑道："这一个也来绞了。且别收，让它三个绞在一处，倒有趣呢！"说着，那"喜"字果然与这两个凤凰绞在一处。三下齐收乱顿，谁知线都断了，那三个风筝，飘飘摇摇都去了。众人拍手，哄然一笑，说："倒有趣，可不知那'喜'字是谁家的，忒促狭了些！"黛玉说："我的风筝也放去了，我也乏了，我也要歇歇去了。"宝钗说："且等我们放了去，大家好散。"说着，看姊妹都放去了，大家方散。

贾宝玉对美丽的女性永远包容，哪怕只是个飞不起来的风筝；对林妹妹永远体贴周到，连林妹妹的风筝也不忍令其落单。紫鹃虔诚地希望飞走的风筝能带走黛玉的病根，不仅是黛玉的忠仆，而且是黛玉的挚友，每读至此都不禁鼻酸。探春那个被"喜"字和另外一个凤凰风筝绞走的凤凰风筝，则暗示了主人远嫁的结局：

清明涕送江边望，千里东风一梦遥。

在此之前，晴雯放走了宝玉的大鱼风筝，袭人则做主把宝玉的大螃蟹风筝给了贾环。怜香惜玉的宝二爷还是乖乖放美人风筝吧，环三爷和横行霸道的螃蟹显然更配哦！

修禊仍逢三月三
上巳节

三月初三也是一个古老的传统节日,叫作"上巳节"。在这一天,人们要沐浴,要出去游玩,认为这样可以消除不祥。

东晋永和九年(353年)的三月初三,发生了一件非常著名的雅事:

王羲之与谢安、孙绰等四十一名军政高官,在会稽山阴即现在浙江绍兴的兰亭修禊。众人饮酒作诗,极尽欢乐。最后,王羲之为他们的诗集写了一篇序文,这就是闻名千古的《兰亭序》:

> 永和九年,岁在癸丑,暮春之初,会于会稽山阴之兰亭,修禊事也。群贤毕至,少长咸集。此地有崇山峻岭,茂林修竹;又有清流激湍,映带左右,引以为流觞曲水,列坐其次。虽无丝竹管弦之盛,一觞一咏,亦足以畅叙幽情。
>
> 是日也,天朗气清,惠风和畅,仰观宇宙之大,俯察品类之盛,所以游目骋怀,足以极视听之娱,信可乐也。

王羲之先是记叙了兰亭的山水之美和聚会的欢乐之情,接着抒发了对于生死无常的感慨。

夫人之相与,俯仰一世,或取诸怀抱,悟言一室之内;或因寄所托,放浪形骸之外。虽趣舍万殊,静躁不同,当其欣于所遇,暂得于己,快然自足,不知老之将至。及其所之既倦,情随事迁,感慨系之矣。向之所欣,俯仰之间,已为陈迹,犹不能不以之兴怀。况修短随化,终期于尽。古人云:"死生亦大矣。"岂不痛哉!

每览昔人兴感之由,若合一契,未尝不临文嗟悼,不能喻之于怀。固知一死生为虚诞,齐彭殇为妄作。后之视今,亦犹今之视昔。悲夫!故列叙时人,录其所述,虽世殊事异,所以兴怀,其致一也。后之览者,亦将有感于斯文。

众所周知，王羲之是"书圣"，所以《兰亭序》不仅有文学价值，还有极高的书法价值。通篇书法文而不华，质而不野，不激不厉，温文尔雅。尤其是二十一个"之"字，无一雷同，宛如武侠宗师的绝招，层出不穷。这件文辞书法俱佳的作品，被称为"天下第一行书"。

后来，《兰亭序》辗转流传到了唐太宗李世民手中。唐太宗对《兰亭序》爱不释手，命书法家冯承素、虞世南、褚遂良、欧阳询等人复制摹写了若干副本，分赐亲贵近臣。

一般认为，唐太宗驾崩后，《兰亭序》真迹就跟着随葬昭陵了。所以，非常遗憾，我们已经无缘得见王羲之笔下的《兰亭序》真迹。

不过，东方不亮西方亮，虽然唐太宗带走了真迹，但是还有摹本，而且都是当时的顶级书法家制作的。

在《兰亭序》的传世摹本中，以冯承素的摹本最为精细。它是用"响拓法"双钩制作出来的，牵丝映带，纤毫毕现，笔法、墨气、神韵俱佳，基本可以从中窥见王羲之原作的风貌。这也是公认的《兰亭序》最佳摹本。因为这个摹本上有一枚"神龙"小印，所以世称"神龙本"《兰亭序》，以区别于其他的摹本。这份珍贵的摹本现在收藏在故宫博物院，是我国永久禁止出国（境）展览的文物之一。

宋代书法家米友仁在观摩了定武本《兰亭序》之后，感慨道：

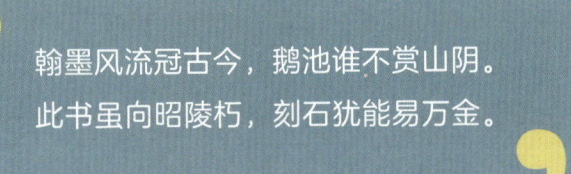

> 翰墨风流冠古今，鹅池谁不赏山阴。
> 此书虽向昭陵朽，刻石犹能易万金。

定武本《兰亭序》是以欧阳询的摹本为底本摹刻上石的。本来已经是摹本，再行翻刻，不可避免地会损失一些原作的神采。即便如此，米友仁依然给出了极高的评价："此书虽向昭陵朽，刻石犹能易万金。"

与欧阳询并列"颜柳欧赵"楷书四大家的赵子昂也对这个版本极为推崇，拿着拓本反复观摩，一口气写下了十三条跋文，世称"兰亭十三跋"。他还说："古今言书者以右军为最善，评右军之书者以禊帖为最善，真迹既亡，其刻石者以定武为最善。"

"禊帖"就是《兰亭序》，因为"会于会稽山阴之兰亭，修禊事也"。赵子昂认为，《兰亭序》真迹既然已经无缘得见，刻石的版本自然要推定武本《兰亭序》为第一名了。

到了唐代，国力强盛，风气开放，上巳节更加热闹。诗佛王维写道：

> 故事修春禊，新宫展豫游。
> 明君移凤辇，太子出龙楼。
> 赋掩陈王作，杯如洛水流。

修禊、曲水流觞，到唐代依然如此。诗圣杜甫看到的则是另一番景象：

> 三月三日天气新，长安水边多丽人。
> 态浓意远淑且真，肌理细腻骨肉匀。
> 绣罗衣裳照暮春，蹙金孔雀银麒麟。
> 头上何所有？翠微匐叶垂鬓唇。
> 背后何所见？珠压腰衱稳称身。
> 就中云幕椒房亲，赐名大国虢与秦。
> 紫驼之峰出翠釜，水精之盘行素鳞。
> 犀箸厌饫久未下，鸾刀缕切空纷纶。
> 黄门飞鞚不动尘，御厨络绎送八珍。
> 箫鼓哀吟感鬼神，宾从杂遝实要津。
> 后来鞍马何逡巡，当轩下马入锦茵。
> 杨花雪落覆白蘋，青鸟飞去衔红巾。
> 炙手可热势绝伦，慎莫近前丞相嗔！

三月初三，杨贵妃的姐妹虢国夫人和秦国夫人等人也去水边游玩了，出行的排场极大。

一人得道，鸡犬升天。杨贵妃得宠后，杨家人飞黄腾达，权势滔天。

> 姊妹弟兄皆列土，可怜光彩生门户。
> 遂令天下父母心，不重生男重生女。

"遂令天下父母心，不重生男重生女。"这算间接扭转不良社会风气吗，嘻嘻。

杨国忠本是个无赖赌徒，因为是杨贵妃的远房哥哥，竟然青云直上，做到了宰相，"炙手可热势绝伦"。杨贵妃的姐姐虢国夫人，也是巧取豪夺，欺男霸女，毫不手软。

有一户姓韦的人家，宅院很大很漂亮。一天中午，一家人正在睡午觉，虢国夫人忽然带着侍女闯进来，如入无人之境，上来就问房子的价钱。

韦家人说："这是先人留给我们的，我们不卖……"话未说完，门外就涌进几百人，上房揭瓦拆屋。韦家人目瞪口呆，待得回过神来，慌忙收拾起日用的东西逃出门去，站在街上眼睁睁地看着自己的房子莫名其妙地被拆掉，叫天不应，叫地不灵。最后，虢国夫人非常"仁慈"地给韦家留下了一小块地方容身。至于买房钱嘛，连半个开元通宝都没有，当然。

就说这次出游，精美的食器盛着山珍海味，这些贵夫人们早就吃腻了，哪个都不想吃，而唐玄宗还在不断派内廷太监送来美味佳肴，为杨家姐妹添菜助兴，实在是够周到，够殷勤，够奢靡，也够昏庸。

待得"渔阳鼙鼓动地来,惊破霓裳羽衣曲",唐玄宗仓皇出逃,那可真是《红楼梦》里那话,连草根子都没有了。当初有多奢靡,现在就有多狼狈。

即便是仓皇出逃,唐玄宗也没忘了带上杨家的人,而把很多皇亲国戚丢在了长安,让他们也尝到了兵荒马乱中百姓遭受的苦日子。话说回来,如果唐玄宗不带走杨家的人,马嵬坡哗变的时候拿谁祭天安抚人心呢,从这个意义上说倒要夸他有先见之明了。

留在长安的皇亲国戚是真的惨:

> 金鞭断折九马死,骨肉不得同驰驱。
> 腰下宝玦青珊瑚,可怜王孙泣路隅。
> 问之不肯道姓名,但道困苦乞为奴。
> 已经百日窜荆棘,身上无有完肌肤。

在写下《丽人行》的时候,我们的诗圣已经看到了杨家人的骄奢淫逸,看到了统治者的昏庸无耻,看到了大唐盛世下隐藏的巨大危机。但是,即便如此,他也想象不到,这样的统治者,会给国家、给人民、给诗人本人带来一场怎样的浩劫!

扩展阅读

萧翼赚兰亭

唐太宗李世民非常喜欢王羲之的书法,得知《兰亭序》在绍兴永欣寺的僧人辩才手里,就重金求购。

辩才对《兰亭序》爱逾性命,从不示人。面对唐太宗,辩才坚称自己曾经见过《兰亭序》,但现在它已经下落不明。——说好的出家人不打诳语呢?

这天,永欣寺来了一个书生。他欣赏着壁画,谈吐不凡,引起了辩才的注意。辩才和书生谈古论今,书生对答如流,被辩才引为知音。

书生在永欣寺住了下来,两人越谈越投机。

这天,书生拿出一些王羲之真迹给辩才看。辩才看了,淡淡地说:"虽是真迹,却非精品。"

书生长叹一声:"可惜!无缘得见绝世珍品《兰亭序》。"

辩才笑道:"这有何难?"从房梁上取下一个手卷,正是他口中"已经下落不明"的《兰亭序》。

书生看了又看,怀疑这是赝品。

辩才恼了,他的《兰亭序》之前是由王羲之的后人一代代收藏的，怎么会是赝品？立刻和书生争论起来。书生被说服了，辩才这才作罢。

一天，辩才出门有事，回来一看，《兰亭序》居然不翼而飞！

原来，那个书生根本就不是什么书生，而是监察御史萧翼。萧翼煞费苦心接近辩才，就是为了获得这份稀世珍品《兰亭序》。

辩才失魂落魄，懊丧欲死，但悔之晚矣。唐太宗就这样得到了自己梦寐以求的《兰亭序》。

浴兰包粽念忠臣

端午节

端午节是我国古老的传统节日，始于春秋战国时期，至今已有两千多年的历史了。

关于端午节的由来，有许多传说。

第一种说法是：端午节源于纪念屈原。这也是最广为人知的一种说法。

屈原是战国时期楚国的贵族，德才兼备，年纪轻轻就得到楚怀王的重用。木秀于林，风必摧之，出色的屈原招来了一些小人的妒忌。这些小人，富国强兵的谋略完全欠奉，搬弄是非的本事倒是拔尖，每天在楚怀王面前诽谤屈原。

后来，秦昭襄王以订立盟约为由，邀楚怀王去秦国。楚怀王不顾屈原的强烈反对，踏上了去秦国的不归路，果然毫无悬念地被扣为人质。秦昭襄王让楚国臣民用土地赎楚怀王回去，遭到拒绝。为了断掉秦国继续拿楚怀王进行政治讹诈的念头，楚国大臣立太子为新君，史称楚顷襄王。

另立新君的确是断绝敌人政治讹诈的有力手段。1449年，明英宗朱祁镇在土木堡之变中落入敌手，以于谦为代表的明朝大臣也是采取了相同的措施，另立明代宗朱祁钰。——你手里的那个人质已经没有利用价值啦，要不要继续养着你们随意。

当然，甘蔗没有两头甜，后来明英宗卷土重来，反攻倒算，造成了于谦的人生悲剧。不过，楚怀王没有明英宗的好运气，他屈辱地死在了秦国。

这样的奇耻大辱令屈原痛心疾首。他劝楚顷襄王要亲贤人，远小人，秣马厉兵，报仇雪耻。可惜他的逆耳忠言非但没有奏效，反而让楚顷襄王烦不胜烦。终于，屈原被放逐了。眼看祖国日益衰弱，他忧心如焚，常常徘徊在汨罗江边。

公元前278年，秦军攻破了楚国的都城。屈原听到这个消息，悲痛欲绝。五月初五，在极度的失望和痛苦中，他抱着一块大石头，投入了汨罗江的滚滚波涛中。

听到屈原的死讯，楚国百姓非常哀伤，纷纷到汨罗江边去凭吊。人们划着船在江上来来回回，寻找他的尸身，但一无所获。大家把饭团、鸡蛋等食物扔到江里，希望水中的动物吃饱了，能不去伤害屈原的身体。还有人拿雄黄酒倒进江里，想麻醉蛟龙水兽，以免伤害屈大夫。

这种纪念活动渐渐成为一种久传不衰的风俗，一直到现在，每年的五月初五，人们依然划龙舟，吃粽子，喝雄黄酒，以此来纪念屈原。

端午节来历的第二种说法是源于纪念伍子胥。

伍子胥名员，也是楚国人，生活在春秋时期，时代早于屈原。

楚平王听信谗言，杀了伍子胥的父兄，还下令捉拿伍子胥。伍子胥历尽艰辛逃到了吴国，辅佐吴王阖庐，使吴国日渐强大。

公元前506年，吴军进攻楚国，一直打到楚国的都城。——没想到做楚国的都城居然这么危险，只是讲一个端午节的来历就被不同的军队攻破两回。——那时楚平王已死，他的儿子楚昭王匆匆出逃。伍子胥把楚平王从坟里刨出来狠抽了一顿，看来死了也不一定就能一了百了。

值得一提的是，这一次出手相助楚国的，恰恰是后来攻破楚都的秦国。果然，没有永远的朋友，只有永远的利益。

吴军受到秦楚两军的攻击，加上国内政局不稳，就退兵了。

后来，吴王阖庐又进攻越国，结果负伤身死。阖庐的儿子夫差继位，伍子胥就继续辅佐夫差。

夫差不忘父仇，起兵伐越，把越王勾践围困在会稽山上。身死国灭之祸就在眼前，勾践只得派人求和。依伍子胥的意思，一鼓作气灭了越国得了，斩草除根，永绝后患。但是夫差志得意满，以为越国已经不足为惧，太宰嚭也收受了越国的贿赂,替勾践说好话,夫差就答应了越国的请和。

值得一提的是,这个太宰嚭是楚国名臣伯州犁之孙,就是说吴国的两个高官伍子胥、太宰嚭其实都是楚国人。老乡见老乡,没有泪汪汪,倒是先因政见不同内讧起来了。

越王勾践忍辱负重,给夫差做了三年的低级仆役,终于被释放回国。他鼓励生育,安抚国民,积极备战,还睡在草垫子上,在屋里挂了一只苦胆,每天尝尝苦味(给后人贡献了一个成语"卧薪尝胆"),提醒自己不忘奇耻大辱,誓要报仇雪恨。话说,这个苦胆需要更换吗?会腐败变质吗?幸好并未发生食物中毒事件。

那边厢,勾践卧薪尝胆;这边厢,太宰嚭一边继续收着越国的贿赂,一边不断在夫差面前诋毁伍子胥,毕竟拿人钱财就得替人消灾。同僚背后插刀,伍子胥还老是劝夫差不能这样不能那样,说的话简直没有一句是夫差爱听的。

矛盾越积越深,终于爆发了。夫差和伍子胥在攻打齐国的问题上产生了严重分歧,夫差勃然大怒,派人送给伍子胥一把剑,让他自杀。

伍子胥这种性如烈火的狠人,死则死尔,绝不屈服。他横剑在手,对来人说:"我死后,你们把我的眼睛挖

出来，挂在都城东门上，我要亲眼看着越军入城灭吴！"

夫差听了伍子胥的遗言，怒不可遏：临死还敢诅咒我！当即命人把伍子胥的尸体装在皮革里，扔进钱塘江喂鱼。

不出伍子胥所料，几年后，越国打败了吴国，一雪前耻。夫差也想求和，可是勾践怎么会犯这种低级错误？当然是斩草除根，永绝后患。

夫差追悔莫及，自杀之前特意用衣服盖着脸——九泉之下实在没脸见伍子胥了。

因为传说中伍子胥是在五月初五被投入钱塘江的，所以有人认为端午节是纪念伍子胥的节日。

端午节来历的第三个传说相比之下知名度不高，流传范围也较小，说是为了纪念东汉孝女曹娥。

曹娥的父亲是一个巫祝，五月初五迎接潮神时溺于江中，数日不见尸体。当时曹娥年仅十四岁，沿江昼夜号哭，后来也投入江中，过了几天，背着父亲的尸首浮出水面。人们感佩曹娥的孝义，立碑纪念她的孝行，这就是曹娥碑。

其实，端午最初在古人心目中是毒日、恶日。战国四公子之一的孟尝君就是五月初五生的，他的父亲田婴觉得这个日子太凶，生下来的孩子对父母不利，让妻子把小孩扔掉不要养。

当然，妻子没有听他的，否则大概就没有战国四公子，只有战国三公子了。

端午时节，天气燥热，适合瘟疫流行，加之蛇虫繁殖，容易伤人，所以有各种求平安、避毒虫、避瘟疫的习俗，如采草药沐浴、以雄黄酒洒墙壁门窗、饮雄黄酒、在门上悬挂艾草、佩戴香囊、缠彩线等。

苏轼写道：

> 轻汗微微透碧纨，明朝端午浴芳兰。流香涨腻满晴川。彩线轻缠红玉臂，小符斜挂绿云鬟。佳人相见一千年。

在《白蛇传》的故事里，白娘子就是在端午节误饮了雄黄酒，现了原形。——看来雄黄果然对毒蛇有效……

那么，端午节为什么和屈原联系在一起了？

其实很多事物的起源都和重要历史人物或历史事件有关，即便无关，也要附会得有关，倒不单是端午节。

闻一多认为，人们把端午节送给屈原，是因为爱他，爱他高洁的品格，爱他横溢的才华，同情他的遭遇，更推崇他的爱国情怀：

> 中国人民愿意把他们这样一个重要的节日转让给屈原，足见屈原的人格，在他们生活中，起着如何重大的作用。也唯其远在屈原死后，中国人民还要把他的名字，嵌进一个原来与他无关的节日里，才足见人民的生活里，是如何的不能缺少他。端午是一个人民的节日，屈原与端午的结合，便证明了过去屈原是与人民结合着的，也保证了未来屈原与人民还要永远结合着。

扩展阅读

智差三十里

　　传说，三国时期，曹操和杨修路过曹娥碑，看到石碑背面刻有"黄绢、幼妇、外孙、齑臼"八个字。

　　曹操问杨修知不知道这是什么意思，杨修说知道。曹操让杨修先别说，他要自己想。

　　走出三十里之后，曹操想明白了，就让杨修说出他的想法，宛如学霸考试后对答案。

　　杨修说，这是个谜语，谜底是"绝妙好辞"。"黄绢"是有颜色的丝绸，"色丝"，便是"绝"字；"幼妇"是少女，即"妙"字；外孙是女儿之子，就是"好"字；"齑"是捣碎的姜蒜、韭菜等，是一种辛辣的调味品，而"齑臼"是捣齑的容器（"受辛之器"），"受"加"辛"就是"辞"（辤）字。

　　这个谜语，杨修一看就明白了，曹操却走出三十里路才想明白，至少在这个问题上，曹操比杨修差了三十里路。

七夕今宵看碧霄

七夕节

农历七月初七是七夕节,众所周知,这个节日绕不开牛郎织女。早在《诗经·小雅·大东》中,就已经有了"牵牛""织女"的痕迹:

> 维天有汉,监亦有光。
> 跂彼织女,终日七襄。
> 虽则七襄,不成报章。
> 睆彼牵牛,不以服箱。

到了汉代,《古诗十九首》中有一首《迢迢牵牛星》:

> 迢迢牵牛星,皎皎河汉女。
> 纤纤擢素手,札札弄机杼。
> 终日不成章,泣涕零如雨。
> 河汉清且浅,相去复几许?
> 盈盈一水间,脉脉不得语。

牵牛星、织布、银河、泪如雨下而不得相见，显然已经被棒打鸳鸯了。

《坚瓠集》说：

> 天河之东有美女，天帝女孙也，机杼劳役，织成云雾天衣，容貌不暇整理。帝怜之，嫁与河西牵牛，自后竟废织纴。帝怒，责归河东，使一年一度与牵牛相会。《淮南子》曰：乌鹊填桥而渡织女。张衡云：牵牛织女七月七日相见之说非止世俗之见也。

天孙（没有说她叫"织女"）婚后耽误了工作，于是受到天帝的惩罚，夫妻分离，一年才能相会一次。故事已经基本成型，不过织女婚后消极怠工的人设实在让人大跌眼镜，所以，在普遍流传的版本中，织女婚后依然勤织不辍，王母娘娘——而不是天帝——做了拆散姻缘的恶人。

织女心灵手巧，连云雾天衣也织得出来，所以每年的七月初七晚上，女孩子们会摆设香案，供上瓜果，穿七孔针，向织女乞求智慧和巧艺，即"乞巧"，因此七夕节也叫"乞巧节"。《水浒传》中的潘巧云、《红楼梦》中的巧姐都是七月初七出生的，名字里都有一个"巧"字。

东晋葛洪《西京杂记》有"汉彩女常以七月七日穿七孔针于开襟楼，俱以习之"的记载，可见汉代已经有乞巧的风俗。

唐代诗人崔颢的《七夕》描述了乞巧的风俗：

> 长安城中月如练，家家此夜持针线。
> 仙裙玉佩空自知，天上人间不相见。

唐代林杰的《乞巧》对此风俗同样有所反映：

> 七夕今宵看碧霄，牵牛织女渡河桥。
> 家家乞巧望秋月，穿尽红丝几万条。

宋代的杨朴则反弹琵琶：

> 未会牵牛意若何，须邀织女弄金梭。
> 年年乞与人间巧，不道人间巧已多。

人间的机巧已经够多了，你们就不要再求啦！

牛郎织女的故事也被历代文人反复歌咏，比如宋代秦观的《鹊桥仙》：

> 纤云弄巧，飞星传恨，银汉迢迢暗度。
> 金风玉露一相逢，便胜却人间无数。
> 柔情似水，佳期如梦，忍顾鹊桥归路。
> 两情若是久长时，又岂在朝朝暮暮？

因为传说中牛郎织女在七夕节相会，所以有情人免不了在这一天指天誓日：

> 七月七日长生殿，夜半无人私语时。
> 在天愿作比翼鸟，在地愿为连理枝。

可惜，"此日六军同驻马，当时七夕笑牵牛"，唐明皇和杨贵妃的故事，终究是以悲剧收场。但是，那又如何？清代袁枚说得好：

> 莫唱当年长恨歌，人间亦自有银河。
> 石壕村里夫妻别，泪比长生殿上多。

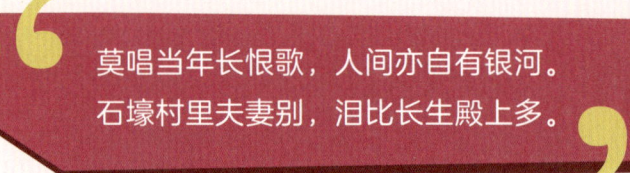

唐玄宗统治后期昏庸无道，给国家和百姓带来一场浩劫。郭子仪在前线打仗，旁边还有监军太监非要外行指导内行。唐军内部矛盾重重，在邺城兵败如山倒（"三男邺城戍。一男附书至，二男新战死。"），只好退守河阳（"急应河阳役"）。兵力损失惨重，官府就派人到处抓丁补充兵源，连老头儿都不放过：

> 暮投石壕村，有吏夜捉人。
> 老翁逾墙走，老妇出门看。

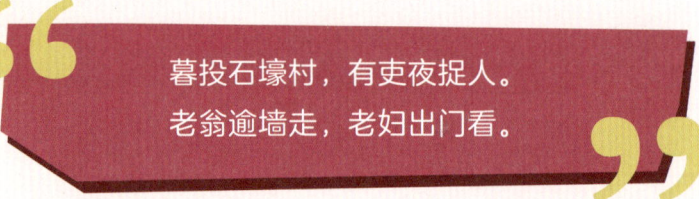

这一对平民夫妻，三个儿子已经有两个为国捐躯。家里一个儿媳、一个还在吃奶的婴儿，穷得连一件囫囵

衣服都没有。即便是在这样的情况下，年老体衰的老妇依然愿意"急应河阳役"，为将士们"备晨炊"，一方面为国效力，一方面保护家人。

> 夜久语声绝，如闻泣幽咽。
> 天明登前途，独与老翁别。

这位深明大义的老妇，到底是被抓走服役了。"石壕村里夫妻别，泪比长生殿上多。"只有你统治者的爱情悲剧是悲剧、夫妻分别是分别吗？何况统治者的这出所谓"爱情悲剧"根本就是自作自受、自食其果。如果没有杜甫，石壕村这一夜的悲剧又有谁能知道？百姓不幸，遭逢叛乱，家破人亡，妻离子散，但他们的痛苦，总算是有人看到、听到并奋笔疾书，传之后世。千百年后，读者依然能通过"三吏""三别"，体会到安史之乱中饱受苦难的百姓是何等泣血椎心，又是何等深明大义。老杜真无愧于"诗圣"的名号，也无愧于"伟大的现实主义诗人"的头衔和后世的推崇。

扩展阅读

安史之乱

唐玄宗李隆基登基初期,励精图治,开创了中国历史上著名的"开元盛世"。那时候,国家蒸蒸日上,人民丰衣足食、安居乐业:

> 忆昔开元全盛日,
> 小邑犹藏万家室。
> 稻米流脂粟米白,
> 公私仓廪俱丰实。
> 九州道路无豺虎,
> 远行不劳吉日出。

可惜,到了统治后期,唐玄宗沉溺于声色犬马,纵情享乐。在统治前期,他重用的是姚崇、宋璟等名臣;到了统治后期,他信任的是李林甫、杨国忠等奸臣。

盛世之下,矛盾逐渐积累,就像一堆干柴,只等一个火星降落。

755年,"渔阳鼙鼓动地来,惊破霓裳羽衣曲"。安禄山、史思明发动叛乱,史称"安史之乱"。

次年六月,叛军攻破了潼关,逼近长安,唐玄宗吓得仓皇出逃。军队走到马嵬坡,禁军哗变,杀死杨国忠,依然不肯罢休。

唐玄宗为了自保,只得赐死杨贵妃,安抚军心。接着,他一路逃到四川,太子李亨则北上灵武。不久,太子李亨登基,是为唐肃宗,遥奉唐玄宗为太上皇。

安史之乱历时七年有余,给国家和人民带来了巨大的灾难。无数将士战死沙场,无数百姓家破人亡、妻离子散,人口丧失,国力锐减,煌煌大唐从此由盛转衰。

满地纸钱香篆冷

中元节 寒衣节

七夕节之后,七月十五也是一个重要的传统节日,称为"中元节"。

正月十五为"上元",七月十五为"中元",十月十五为"下元"。按照道教的说法,天官赐福,地官赦罪,水官解厄;上元祭天官,中元祭地官,下元祭水官。

地官主管地府。到了这一天,地府里所有的游魂都可以脱离冥界,有主的可以"常回家看看",无主的则在人间肆意游荡,算是个"放风日"。道教会在这一天设醮,庆贺地官诞辰,同时超度鬼众;佛家则在这天举办盂兰盆会。

佛经中有一个"目连救母"的故事。相传目连的母亲做了很多坏事,死后堕在饿鬼道中受苦。目连盛饭奉母,但食物尚未入口便化成火炭。目连非常悲痛,请求佛祖释迦牟尼指点。佛祖告诉他,可以在七月十五僧自恣日为父母供养十方大德众僧,以此大功德解脱其母之苦。目连照做,其母果然得脱苦海。

佛教根据这个故事兴起了盂兰盆会,南朝笃信佛法

的梁武帝就曾在七月十五举办盂兰盆会。到了唐代,盂兰盆会便广泛地在民间流行。

我们对七月十五的认识,最熟悉的还是民间的"鬼节"。

因为这一天所有的鬼魂都被放出地府,当然也包括自己祖先的亡魂,所以人们要祭祖、上坟,有的地方还要放河灯。

河灯是用纸张、木板等制成灯具、纸船,放上点燃的蜡烛,放入河中。中元节,五颜六色的河灯放入水中,顺流而下,灯光摇曳,宛如点点繁星,场面十分壮观,也有着奇异的美丽与哀愁。

上元夜观灯是在街上,中元夜观灯是在水边:

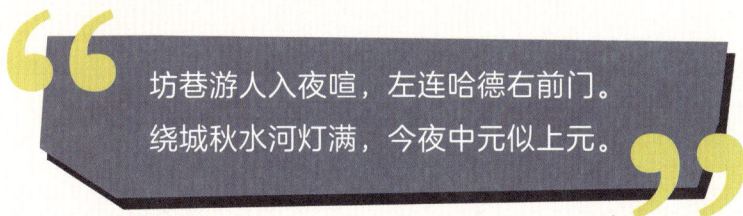

坊巷游人入夜喧,左连哈德右前门。
绕城秋水河灯满,今夜中元似上元。

人们相信，如果河灯翻了或者沉了，就意味着亡魂成功投胎转世；如果河灯漂得很远，甚至安然抵达对岸，则意味着亡魂到达了极乐世界。

总之，河灯只有两种可能性，沉或者不沉；而无论是浮是沉，亡魂是一定能被成功超度的。

再说说寒衣节，也就是农历十月初一。

寒衣节和清明节、中元节并称三大"鬼节"。

中国地域很大，不同地区对不同的鬼节重视程度不同。清明节是影响范围最广的，现在更是成为国家法定节假日，有假可放，顶级加持。有的地方中元节不上坟，而对寒衣节十分重视；有的地方则相反。

到了寒衣节，天气已经比较寒冷，所以祭祀祖先的时候，除了常规的贡品以外还要焚化冥衣，叫"送寒衣"，"寒衣节"的名称即由此而来。也有的地方不烧寒衣，只焚化纸钱，反正有钱就不怕买不到合心的衣物。

大部分古人都没有唯物主义的世界观，所以他们相信幽冥的存在，希望逝去的亲人来生能有个好去处，至少在幽冥能吃饱穿暖。参观博物馆，有时能看到平民百姓造的佛像。他们财力有限，很多人都只能造手掌大的一尊，工艺不佳，连字都刻得歪七扭八，和写入艺术史的华美佛像相比如同寒鸦比鸾凤。可是，他们还是虔诚地为亡故的父母、配偶，为夭折的儿女造了佛像，希望他们往生极乐。也许，即便造这么小这么粗糙的一尊佛像，他们也要省吃俭用攒很久的钱，殷殷之情，令人思之恻然。

　　南宋邵博《邵氏闻见后录》里有一则故事：一个人坐船出行，正逢生日，家人在船上给他庆生。酒足饭饱后，他梦见来到一个村子，主人招待了他。梦醒后，他上岸散步，看见一个老翁刚把酒席撤掉。老翁说今天是他儿子的忌日，所以摆酒祭奠。这个人心里明白，这个老翁就是他前世的父亲。今生的生日，前世的忌日。前世的亲人，今生已然相见不相识。

　　虽然幽冥并不存在，但是人们永远牵挂着逝去的亲人，这是最朴素而真挚的感情。鬼节，寄托着中国人对亲人浓重而悠远的哀思。

扩展阅读

蒲松龄画像

在山东省淄博市蒲家庄的蒲松龄纪念馆（也是蒲松龄故居）里，有一幅蒲松龄画像。画像中，蒲松龄身穿清代贡生服，头戴红顶小帽，端坐椅上，左手拈须，目视前方。画像上有蒲松龄亲笔书写的两条题跋：

尔貌则寝，尔躯则修。行年七十有四，此两万五千余日，所成何事，而忽已白头？奕世对尔孙子，亦孔之羞。康熙癸巳自题。

癸巳九月，筠嘱江南朱湘鳞为余肖此像，作世俗装，实非本意，恐为百世后所怪笑也。松龄又志。

这幅画像是蒲松龄七十四岁时（"行年七十有四"），他的儿子蒲筠请寓居济南的江南画师朱湘鳞画的。蒲松龄对朱湘鳞的画功非常赞赏：

生平绝技能写照，三毛颊上如有神。

对灯取影真逼似，不问知是谁何人。

画上钤有六枚款式不同的印章，其中"蒲氏松龄"印章和"柳泉"图章已从蒲松龄墓中出土，足证此画像为传世真品。

这张画像原本由蒲氏后裔世代珍藏，后于1954年捐给蒲松龄故居。1961年，蒲松龄故居的工作人员把画像送到北京，由故宫博物院的专家进行了揭裱修补。

虽然不是照片，但是这张画像是在蒲松龄生前画就的，还得到了蒲松龄本人的认可。在没有照相技术的年代，《水浒传》《西游记》《红楼梦》等名著的作者都没有留下画像，有的名著甚至连作者是谁都还有争议。《聊斋志异》的作者蒲松龄能留下一张画像，对读者来说真是一件莫大的幸事。

今夜月明人尽望

中秋节

八月十五中秋节是大家非常熟悉和喜爱的传统节日，时至今日也仍然是国家法定节假日之一。

中秋节的活动，有赏月、吃月饼、观潮等。

赏月

早在周代，就已经有"中秋夜迎寒""秋分夕月（拜月）"的活动。《礼记》则有"天子春朝日，秋夕月；朝日以朝，夕月以夕"的记载——天子春天祭祀太阳，秋天祭拜月亮；早晨拜太阳，晚上拜月亮。

秋高气爽，天空明净，皓月当空，一直到今天，一家人围坐在一起，欣赏皓月当空的美景，仍是中秋佳节必不可少的活动之一。

古往今来，文人墨客中秋赏月，留下无数佳篇。诗圣杜甫写道：

> 满目飞明镜，归心折大刀。
> 转蓬行地远，攀桂仰天高。
> 水路疑霜雪，林栖见羽毛。
> 此时瞻白兔，直欲数秋毫。

中秋的月亮如此明亮，简直能看清月中白兔的毫毛。眼神真好。

唐代诗人刘禹锡也在中秋夜赏月：

> 暑退九霄净，秋澄万景清。
> 星辰让光彩，风露发晶英。

团圆的月夜必然引发思乡之情：

> 中庭地白树栖鸦，冷露无声湿桂花。
> 今夜月明人尽望，不知秋思落谁家。

不知秋思落谁家？想来首先就是诗人自己家了。

1076年的中秋节之夜，苏轼欢饮达旦，大醉，作《水调歌头》：

> 明月几时有？把酒问青天。不知天上宫阙，今夕是何年。我欲乘风归去，又恐琼楼玉宇，高处不胜寒。起舞弄清影，何似在人间。
>
> 转朱阁，低绮户，照无眠。不应有恨，何事长向别时圆？人有悲欢离合，月有阴晴圆缺，此事古难全。但愿人长久，千里共婵娟。

举杯，敬天上明月，敬人间悲欢，也敬许久不见的弟弟苏辙。

同样是豪放派，苏轼在中秋夜还有些婉转惆怅（虽然最后自己把自己劝好了），辛弃疾却是豪情万丈：

> 一轮秋影转金波，飞镜又重磨。
> 把酒问姮娥：被白发、欺人奈何？
> 乘风好去，长空万里，直下看山河。
> 斫去桂婆娑，人道是、清光更多。

作为坚定的主战派，哪怕已生华发，哪怕壮志难酬，也不会气馁。"乘风好去，长空万里，直下看山河"！如此大好山河，怎可轻言放弃？

在赏月之地里，最受人青睐的大概是扬州：

> 天下三分明月夜，二分无赖是扬州。

有点天下文才曹子建独占八斗的意思了。

吃月饼

天上月圆，人间团圆，自然要吃些团团圆圆的食物。

唐代已经有了中秋吃月饼的习俗。据记载，唐僖宗在中秋节吃月饼，还把月饼赐给在曲江开宴会的新科进士们。

到了宋代，月饼的花样已经很多了。苏轼有诗云："小饼如嚼月，中有酥与饴。"圆形而有馅的饼，而且滋味很美。

传说元末人们曾利用月饼来传递反元信息，可见当时月饼已经成为中秋佳节的必备食品。

现在，月饼的制作更加精细，馅料考究，外形美观，风味众多：京式、苏式、广式、台式……

不过，月饼高油高糖，是不折不扣的热量炸弹，虽然好吃，可不要多吃哦。

观潮

观钱塘潮虽然是一个地方性的活动，但是，每年钱塘江大潮的时候，各大媒体都非常关注，甚至全天候直播，不能到现场，也可以天涯共此时，一起观潮。

钱塘潮非常壮观，宋代周密记载：

> 浙江之潮，天下之伟观也。自既望以至十八日为最盛。方其远出海门，仅如银线；既而渐近，则玉城雪岭际天而来，大声如雷霆，震撼激射，吞天沃日，势极雄豪。杨诚斋诗云"海涌银为郭，江横玉系腰"者是也。
>
> 每岁京尹出浙江亭教阅水军，艨艟数百，分列两岸；既而尽奔腾分合五阵之势，并有乘骑弄旗标枪舞刀于水面者，如履平地。倏尔黄烟四起，人物略不相睹，

水爆轰震,声如崩山。烟消波静,则一舸无迹,仅有"敌船"为火所焚,随波而逝。

吴儿善泅者数百,皆披发文身,手持十幅大彩旗,争先鼓勇,溯迎而上,出没于鲸波万仞中,腾身百变,而旗尾略不沾湿,以此夸能,而豪民贵宦争赏银彩。

江干上下十余里间,珠翠罗绮溢目,车马塞途,饮食百物皆倍穹常时,而僦赁看幕,虽席地不容间也。

"饮食百物皆倍穹常时",看来每逢节假日商家就坐地起价,古今皆然,就指着节假日赚钱哩。

白居易对这壮观的钱塘江大潮念念不忘:

> 江南忆,最忆是杭州:
> 山寺月中寻桂子,郡亭枕上看潮头。
> 何日更重游?

潮壮观,苏轼笔下观潮的人潮也一样壮观:

> 天台桂子为谁香,倦听空阶点夜凉。
> 赖有明朝看潮在,万人空巷斗新妆。

这就是成语"万人空巷"的出处。

《水浒传》中，鲁智深就是在中秋夜钱塘江大潮来临之时坐化的。

> 且说鲁智深自与武松在寺中一处歇马听候，看见城外江山秀丽，景物非常，心中欢喜。是夜月白风清，水天同碧，二人正在僧房里，睡至半夜，忽听得江上潮声雷响。鲁智深是关西汉子，不曾省得浙江潮信，只道是战鼓响，贼人生发，跳将起来，摸了禅杖，大喝着，便抢出来。众僧吃了一惊，都来问道："师父何为如此？赶出何处去？"鲁智深道："洒家听得战鼓响，待要出去厮杀。"众僧都笑将起来道："师父错听了！不是战鼓响，乃是钱塘江潮信响。"鲁智深见说，吃了一惊，问道："师父，怎地唤做潮信响？"寺内众僧，推开窗，指着那潮头，叫鲁智深看，说道："这潮信日夜两番来，并不违时刻。今朝是八月十五日，合当三更子时潮来。因不失信，为之潮信。"

这是《水浒传》后半部分少有的出色篇章。央视《水浒传》虽然删去了鲁智深坐化的情节，但还是拍出了钱塘潮，而且将画面处理得十分精彩：滚滚钱塘江水与梁山众人交替闪现,浪花淘尽英雄。南征北讨后本来就已经所剩无几的梁山人马,等待他们的不是庆功酒,而是最后的大清洗和几乎团灭的结局,怎一个惨字了得。

《水浒传》里的钱塘潮,地点在杭州。武侠宗师金庸在处女作《书剑恩仇录》里描述的钱塘潮,地点则是在他的家乡海宁:

> 这时郁雷之声渐响,轰轰不绝。待出春熙门,耳中尽是浪涛之声,眼望大海,却是平静一片,海水在塘下七八丈,月光淡淡,平铺海上,映出点点银光。……
>
> 这时潮声愈响,两人话声渐被掩没,只见远处一条白线,在月光下缓缓移来。
>
> 蓦然间寒意迫人,白线越移越近,声若雷震,大潮有如玉城雪岭,自天际而来,声势雄伟已极。大潮越近,声音越响,真似百万大军冲锋,于金鼓齐鸣中一往无前。
>
> 潮水愈近愈快,震撼激射,吞天沃月,一座巨大的水墙直向海塘压来,……月影银涛,光摇喷雪,云移玉岸,浪卷轰雷,海潮势若万马奔腾,奋蹄疾驰。
>
> 但潮来得快,退得也快,顷刻间,塘上潮水退得干干净净。

查大侠是海宁人，从小看惯了海潮，写来得心应手，读来如在眼前，如闻潮声。虽然难掩处女作的稚嫩之气，也已经隐现一代宗师的气象。

神话

谈到中秋节，羿射九日和嫦娥奔月的神话是绕不过去的话题。

> 小时不识月，呼作白玉盘。
> 又疑瑶台镜，飞在青云端。
> 仙人垂两足，桂树何团团。
> 白兔捣药成，问言与谁餐。
> 蟾蜍蚀圆影，大明夜已残。
> 羿昔落九乌，天人清且安。

桂树、白兔、捣药、蟾蜍、金乌、射日，诗仙李白真不愧是伟大的浪漫主义诗人，把这些和月亮相关的常见元素写得如此瑰丽绚烂。

"羿昔落九乌，天人清且安。"天人清且安，羿自己可惹上了大麻烦。他射落的九个太阳都是天帝的宝贝儿子，天帝一怒之下，不许羿和妻子嫦娥再返回天庭。

天神变成了凡人，就要经历凡人的生老病死。真就没办法了吗？倒也不至于。羿爬过高山，渡过大河，历尽千难万险，找到了传说中掌管不死之药的西王母。

西王母赞赏了羿救民于水火的英雄壮举，对羿丧失天神的身份表示同情，让青鸟衔来不死之药，说："两人同吃，皆可长生不老；一人独吃，可以飞升。"

羿把药拿回家交给嫦娥收藏，嫦娥却趁着羿不在家，独吞了不死之药。她本想飞到天庭，又有各种顾虑，就调转方向，飞到了月宫。

月宫冷清寂寞，高处不胜寒。不管嫦娥有没有后悔，反正开弓就没有回头箭了。李商隐觉得她肯定会后悔：

 嫦娥应悔偷灵药，碧海青天夜夜心。

只是回不了家就已经算不错了，因为早期的神话记载中还有一种说法，嫦娥刚一落在月宫就变成了蟾蜍。一个漂亮的仙子，一只丑陋的蛤蟆，对比过于惨烈，幸而这种说法没有大行其道。

月宫中还有一个叫吴刚的人。他曾跟随仙人修道，不知具体犯了什么错误，总之仙人把他发配到月宫砍桂树。桂树随砍即合,吴刚就像推着石头上山的西西弗斯一样,日复一日,年复一年,徒劳地做着无用功。

还有一种说法比较小众:月宫里有一棵桫椤树。

这个说法很值得玩味,因为桫椤树主要生长在热带和亚热带地区。如果没有见过桫椤树,怎么会脑补月宫里有桫椤树呢?

这种说法也不是全无市场:

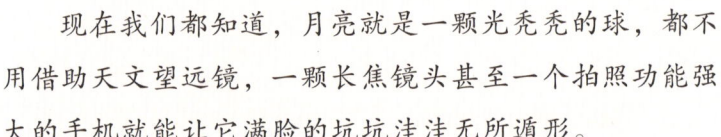

广寒宫里桫椤树,金粟初分第一枝。

现在我们都知道,月亮就是一颗光秃秃的球,都不用借助天文望远镜,一颗长焦镜头甚至一个拍照功能强大的手机就能让它满脸的坑坑洼洼无所遁形。

在一代代航天人的不懈努力下,2020年12月,与神话中美丽的广寒宫仙子同名的月球探测器"嫦娥五号"顺利登陆月球并挖取了月壤,返回了地球,中国也成为继美国和苏联之后第三个从月球取回样本的国家。

古人有嫦娥和玉兔的神话,今人有"嫦娥""玉兔"互拍、九天揽月的壮举;古人有瑰丽的想象,今人有星辰大海的征途。科学杀死了浪漫?不,科学创造了新的浪漫。我们不但有"嫦娥""玉兔",还有"悟空""天宫""北斗""东风""神舟""夸父""祝融""墨子""蛟龙"……这是中国人独有的心照不宣的默契,也是延续了几千年的文化血脉传承。

> 今人不见古时月,今月曾经照古人。
> 古人今人若流水,共看明月皆如此。

现在,你抬头看见的月亮,和古人看到的月亮已经有点不同了哦——它被中国人的月球探测器先后挖走了几公斤的土。

扩展阅读

中国人的奔月梦

厥利维何，而顾菟在腹？

千百年来，月亮引发了中国人无尽的想象。

2004年，我国启动了月球探测工程，这项工程以神话中奔月的广寒宫仙子命名，叫作"嫦娥工程"。嫦娥工程分为三个阶段：无人月球探测、载人登月、建立月球基地。

俱怀逸兴壮思飞，欲上青天揽明月。

2007年，梦想照进现实。中国首颗探月卫星嫦娥一号，经过14天、206万公里飞行、8次变轨后，于2007年11月5日进入月球轨道，成功实现绕月飞行。嫦娥一号在轨有效探测16个月，2009年3月成功受控撞月，实现中国自主研制的卫星进入月球轨道并获得全月图。

2010年10月1日，嫦娥二号成功发射，作为先导星，为二期工作进行了多项技术验证，并开展了多项拓展试验。

2013年12月14日，嫦娥三号探测器实现落月。次日，"玉兔号"巡视器顺利驶抵月球表面，两器互拍成像，并开展了一系列就位探测和巡视勘察活动。

2018年12月8日，肩负着首次实现人类探测器月球背面软着陆使命的嫦娥四号探测器开始了奔月之旅。绕着月球飞了20多天，嫦娥四号软着陆在月球背面南极-艾特肯盆地的冯·卡门撞击坑。这是整个太阳系最大、最深、最古老的撞击坑，直径约2500公里，深十多公里，蕴含着月球最早的信息，从被未实地探测过。对这里的探测将为人类了解月球、地球、太阳系的演化提供一手数据和线索。

明明如月，何时可掇？

2020年11月24日，长征五号遥五运载火箭搭载嫦娥五号探测器呼啸升空。12月1日，嫦娥五号在月球正面预选着陆区着陆。次日，嫦娥五号着陆器和上升器组合体完成了月球钻取采样及封装。12月17日凌晨，嫦娥五号返回器携带月球样品着陆地球，结束了"挖土"之旅。中国就此成为继美国和苏联之后第三个从月球取回样本的国家。

2024年5月3日，嫦娥六号探测器成功发射，2024年6月2日在月球背面南极-艾特肯盆地预选着陆区成功着陆，开启人类探测器首次在月球背面实施的样品采集任务。2024年6月25日，嫦娥六号返回器准确着陆于预定区域，工作正常，标志着探月工程嫦娥六号任务取得圆满成功，实现世界首次月球背面采样返回。

可上九天揽月，可下五洋捉鳖，谈笑凯歌还。

在逐梦月球的征途上，中国人步履不停，未来可期。

菊花须插满头归

重阳节

农历九月初九,二九相重,称为"重九"。奇数为阳,偶数为阴。九月初九,二阳相重,故称"重阳",所以这一天叫"重阳节"。

《西京杂记》记载,戚夫人的侍女贾佩兰,后来出宫嫁人了。她说当初在宫里的时候,九月九日佩茱萸,食蓬饵,饮菊花酒,据说可以让人长寿。

茱萸、蓬饵(约等于重阳糕)、菊花,重阳节的关键词就差一个登高了。

关于重阳节登高,我们最熟悉的莫过于王维的《九月九日忆山东兄弟》:

> 独在异乡为异客,每逢佳节倍思亲。
> 遥知兄弟登高处,遍插茱萸少一人。

"每逢佳节倍思亲",说出了多少游子的心声。诗中提到了重阳节的两个风俗:登高和佩戴茱萸。

因为民间在重阳节有登高的风俗,所以重阳节又叫"登高节"。为什么重阳节时要"登高处"?

一说与桓景除妖有关。

话说很久以前,汝河有一个瘟魔为祸人间。汝南有一个人叫桓景,听说神仙费长房可降此魔,就找到费长房,拜师学艺。

有一天,桓景正在练剑,费长房对他说,今年九月初九,瘟魔又要来了。说着就给了他一瓶菊花酒、一包茱萸,让他回去为民除害。

桓景回到家乡,让父老乡亲在九月初九当天登上高山,每人都佩戴茱萸,饮一些菊花酒。不一会儿,瘟魔果然呼啸而来,闻见菊花酒和茱萸的气味,不禁徘徊犹豫,不敢上前。桓景趁机拔剑,除掉了瘟魔。

从此,人们在重阳节当天就登高、饮菊花酒、佩戴茱萸。

一说是为了躲避灾祸。

从前，有家农户住在山下。一天，一个算卦先生来借宿，主人一家对他很热情。算卦先生临行前嘱咐主人："到了九月九，全家高处走。"

到了九月初九，这家人带上酒食，登上附近的高山游玩。回家一看，他家的房子已经被山洪冲跑了。

大家吓了一跳，这才知道算卦先生救了他们一命。这件事传开后，人们就在九月初九登高游玩，相沿成俗。

登高去哪里？高山、高塔、高楼都可以，只要高就行了。除了登高、佩戴茱萸、饮菊花酒，还要吃重阳糕、赏菊花。

唐代诗人孟浩然和朋友约定：

> 待到重阳日，还来就菊花。

也不知道他后来去了没有。杜牧写道：

> 江涵秋影雁初飞，与客携壶上翠微。
> 尘世难逢开口笑，菊花须插满头归。

"菊花须插满头归",让人联想起《红楼梦》中的情节:

> 一面说,一面碧月早捧过一个大荷叶式的翡翠盘子来,里面盛着各色的折枝菊花。贾母便拣了一朵大红的簪于鬓上。因回头看见了刘姥姥,忙笑道:"过来戴花儿。"一语未完,凤姐便拉过刘姥姥来笑道:"让我打扮你。"说着,将一盘子花横三竖四的插了一头。

生活不易,姥姥叹气。刘姥姥进大观园,努力营业,被贾府贵族女眷们消遣了几天,总算没有白费,最后满载而归,所得远超预期。这是小人物的处世智慧与豁达。刘姥姥不是忘恩负义之辈,最后搭救收留了落难的巧姐,闪耀着人性的光辉。

菊花与梅兰竹并称"四君子",代表着高洁的情操。早在先秦时期,屈原就"朝饮木兰之坠露兮,夕餐秋菊之落英"。"晋陶渊明独爱菊",菊花更是公认的"花之隐逸者"。

赏着菊花,才女李清照在重阳节写下了流传千古的名句:

> 薄雾浓云愁永昼，瑞脑销金兽。佳节又重阳，玉枕纱厨，半夜凉初透。
> 东篱把酒黄昏后，有暗香盈袖。莫道不销魂，帘卷西风，人比黄花瘦。

据说，流传千古的《滕王阁序》也是王勃在重阳节写成的——"时维九月，序属三秋"。九月是确定的，是不是九月初九就有点不可考了，姑妄言之姑听之吧。

古人在重阳节写下许多佳作，今人也并不逊色。

1929年10月11日重阳节，闽西野菊花怒放，面对灿烂如金的花海，毛泽东写下了《采桑子·重阳》：

> 人生易老天难老，岁岁重阳。
> 今又重阳，战地黄花分外香。
> 一年一度秋风劲，不似春光。
> 胜似春光，寥廓江天万里霜。

此时毛泽东正遭遇人生的重大挫折：遭受不公平的对待，离开了红军的领导岗位，还患了重病。远在苏联的共产国际误听传言，甚至在杂志上为他发了讣告。按

说，这种情况下，愤懑、伤心、不甘，都是正常情绪。一样是赋菊，黄巢落第，大笔一挥："我花开后百花杀"，冲天怨气透长安。看似失意的酸秀才耍嘴皮子撂狠话，结果这狠话在数年后化为了现实，甚至有过之而无不及："内库烧为锦绣灰，天街踏尽公卿骨。"人生在世不称意，写点什么发牢骚，太常见了。

但是，即便在人生的低谷期，毛泽东依然豪情万丈、胸襟开阔。个人暂时的得失荣辱算得了什么？怨天尤人、自怜自伤、失落沮丧……这些即便有也可以理解的情绪，词中一丝一毫都没有。"战地黄花分外香""一年一度秋风劲""寥廓江天万里霜"，大气爽朗，充满了革命乐观主义精神，老一辈无产阶级革命家出色的才华、过人的胸襟、令人心折的风采从中可见一斑。

现在，重阳节还是我国法定的"老人节"。在这一天，不妨给家中的老人送上礼物和祝福，平日里也要记得"常回家看看"哦！

行文至此，这本小书就要结束了。中国的传统节日是我们的先人留给我们的宝贵文化遗产，把这个已经传递了几千年的接力棒继续稳稳当当地传递下去，我们责无旁贷。

◆ 扩展阅读 ◆

王勃作《滕王阁序》

675年,王勃去交趾看望父亲。路过南昌时,正赶上都督阎伯屿新修了滕王阁,在阁中大宴宾客。王勃前往拜见,阎伯屿听说过他的大名,便请他参加宴会。

按照现在的说法,阎伯屿此次宴客,其实是为了炒作。他让女婿事先准备好一篇文章,当作即兴写的,在席间写出来给大家看,借此夸耀才学。

酒过三巡,阎伯屿让人拿出纸笔,请与会嘉宾作文。大家心知肚明,都辞以才疏学浅,不肯接招。远道而来的王勃可不管这些弯弯绕,毫不客气地接过了纸笔。

阎伯屿很不高兴,这个人怎么这么不识趣!他转入帐后,让人去瞧瞧王勃写了些什么。王勃提笔挥毫:

豫章故郡,洪都新府。

阎伯屿说:"老生常谈,也不过如此嘛。"王勃继续写:

星分翼轸,地接衡庐。

阎伯屿不禁沉吟不语。

面对着阁外美景,王勃文思泉涌,千古名句自然而然地流出笔端:

落霞与孤鹜齐飞，秋水共长天一色。

听到这里，阎伯屿不得不叹服："此真天才，当垂不朽矣！"

《滕王阁序》文末有一首诗，抚今追昔，气度高远，境界宏大，与《滕王阁序》交相辉映：

滕王高阁临江渚，佩玉鸣鸾罢歌舞。
画栋朝飞南浦云，珠帘暮卷西山雨。
闲云潭影日悠悠，物换星移几度秋。
阁中帝子今何在？槛外长江空自流。

可惜天不假年，王勃在渡海时不幸溺水，惊悸而死，年仅二十七岁。

图书在版编目（CIP）数据

穿越千年去过节：中国传统节日 / 卢普著. -- 济南：山东美术出版社，2025.1
ISBN 978-7-5747-0395-7

Ⅰ.①穿… Ⅱ.①卢… Ⅲ.①节日—风俗习惯—中国—青少年读物 Ⅳ.①K892.1-49

中国国家版本馆CIP数据核字(2024)第084746号

责任编辑：郭征南
封扉设计：王海涛
内文设计：刘　畅

主管单位：山东出版传媒股份有限公司
出版发行：山东美术出版社
　　　　　　济南市市中区舜耕路517号书苑广场（邮编：250003）
　　　　　　http：//www.sdmspub.com
　　　　　　E-mail：sdmscbs@163.com
　　　　　　电话：（0531）82098268　传真：（0531）82066185
　　　　　　山东美术出版社发行部
　　　　　　济南市市中区舜耕路517号书苑广场（邮编：250003）
　　　　　　电话：（0531）86193028　86193029
制版印刷：山东新华印务有限公司
开　　本：710mm×1000mm　1/16
印　　张：9
字　　数：100千
印　　数：1—10000
版　　次：2025年1月第1版　2025年1月第1次印刷
定　　价：32.00元